MW01171006

Reglas de Evidencia de Puerto Rico

Aprobada por la Ley Núm. 46 de 30 de julio de 2009, según enmendada y con anotaciones.

LexJuris de Puerto Rico

PO Box 3185
Bayamón, P.R. 00960-3185
Teléfono: (787) 269-6475
Email: Ayuda@LexJuris.com
www.LexJurisStore.com
ISBN: 9798683224165

Editora: LexJuris de Puerto Rico
Diseño y Contenido: LexJuris de Puerto Rico, Inc.
Anotaciones: LexJuris de Puerto Rico

Hecho en Puerto Rico
Enero 25, 2025

LexJuris®

de Puerto Rico

Reglas de Evidencia de Puerto Rico

Aprobada por la Ley Núm. 46 de 30 de julio de 2009, según enmendadas y con Anotaciones.

Preparado por el Lcdo. Juan M. Díaz
LexJuris de Puerto Rico

Opcional:

Visite www.LexJuris.com
para futuras enmiendas y Jurisprudencia del Tribunal
Supremo más Reciente.

LexJuris de Puerto Rico.

PO BOX 3185
Bayamón, P.R. 00960
Tels. (787) 269-6475 / 6435
Fax. (787) 740-4151
Website: www.LexJuris.com
Ordenar: www.LexJurisStore.com
Actualizaciones: www.LexJurisBooks.com
Club de LexJuris de Puerto Rico
www.LexJuris.net

Reglas de Evidencia de Puerto Rico con Anotaciones.

Contenido

Reglas de Evidencia de Puerto Rico, según enmendada y con Anotaciones.

Adoptadas el 9 de febrero de 2009 por el Tribunal Supremo y enmendadas y aprobadas por la Ley Núm. 46 de 30 de julio de 2009, efectiva 1 de enero de 2010, según enmendada.

Notas Importantes

-Se añaden las Anotaciones Anteriores de las Reglas de Evidencia de 1979, según enmendadas y derogadas. La mayoría de las reglas aprobadas son similares a las derogadas.

CAPÍTULO I: DISPOSICIONES GENERALES

Regla 101. Título (32 L.P.R.A. AP VI Regla 101)

Estas Reglas se conocerán como Reglas de Evidencia de Puerto Rico.

(Febrero 9, 2009, 2009TSPR035, Regla 101; Julio 30, 2009, Núm. 46, art. 1, efectiva el 1 de enero de 2010.)

Regla 102. Interpretación (32 L.P.R.A. AP VI Regla 102)

Las Reglas se interpretarán de forma que garanticen una solución justa, rápida y económica a cualquier problema de derecho probatorio. El propósito principal de las Reglas es el descubrimiento de la verdad en todos los procedimientos judiciales.

(Febrero 9, 2009, 2009TSPR035, Regla 102; Julio 30, 2009, Núm. 46, art. 1, se enmienda "El último fin" por "El propósito principal", efectiva el 1 de enero de 2010.)

Notas Importantes
Anotaciones Anteriores

-La grabación es una mera reproducción de la vista preliminar y de los eventos procesales allí ocurridos. Además, el propósito cardinal de las Reglas de Evidencia incluyendo las relacionadas al descubrimiento de prueba, es que aflore la verdad en todo procedimiento judicial, por lo que debemos evitar imponer trabas que impidan lograr este fin. Regla 2 de Evidencia, 32 LPRA, Ap. IV R. 2. Por tanto, ordenaría a la defensa a entregarle la grabación al Ministerio Público. Pueblo v. Aguayo Huertas 2006TSPR019, (2006); 167 D.P.R. 59, (2006), Sentencia.

-La norma de que las Reglas de Evidencia se interpretarán por los tribunales flexiblemente y de forma que garanticen una solución justa, rápida y económica a cualquier problema evidenciario debe ser interpretada aún más liberalmente en procesos administrativos y mucho más liberalmente en los procesos sobre arbitraje. Tal interpretación debe facilitar el que todo aquello que sea pertinente a una controversia tenga acceso al conocimiento del árbitro. <u>J.R.T. v. Aut. de Comunicaciones</u>, 110 D.P.R. 879, (1981)

Regla 103. Aplicabilidad de las reglas (32 L.P.R.A. AP VI Regla 103)

(A) Aplicabilidad al Tribunal General de Justicia

(1) Tribunal de Primera Instancia

Las Reglas aplican en las Salas del Tribunal de Primera Instancia.

(2) Tribunal Supremo y Tribunal de Apelaciones

Las Reglas aplican en los procedimientos ante el Tribunal Supremo y el Tribunal de Apelaciones, con arreglo a los límites establecidos en sus respectivos Reglamentos.

(B) Casos civiles y penales

Las Reglas aplican en todos los casos civiles y penales, excepto en casos de desacato sumario.

(C) Privilegios y conocimiento judicial

Las reglas de privilegios y conocimiento judicial aplican en todas las etapas de los procedimientos, acciones, y casos civiles y penales.

(D) Las Reglas no obligan en:

(1) las determinaciones preliminares a la admisibilidad de prueba, de conformidad con la Regla 109(A);

(2) los procedimientos interlocutorios o post sentencia, entre otros:

(a) procedimientos relacionados con la determinación de causa probable para arrestar o expedir orden de registro y allanamiento;

(b) fase de la sentencia en el procedimiento penal;

(c) procedimientos relacionados con la imposición de fianza o condiciones en los procedimientos penales;

(d) vistas de revocación de libertad a prueba o condicionada;

(e) procedimientos relacionados con entredichos provisionales e interdictos preliminares, y

(3) los procedimientos *ex parte*.

(E) Procedimientos bajo Leyes Especiales

Las Reglas aplican en procedimientos establecidos por leyes especiales, salvo que expresamente se disponga lo contrario o sean incompatibles con la naturaleza del procedimiento especial contemplado en la ley.

(F) Procedimientos de determinación de causa para acusar (vista preliminar).

En la vista de determinación de causa para acusar (vista preliminar), aunque las Reglas de Evidencia no obligan, la determinación de causa deberá efectuarse con evidencia admisible en el juicio.

(Febrero 9, 2009, 2009TSPR035, Regla 103; Julio 30, 2009, Núm. 46, art. 1, enmienda inciso D(2)(a) y adiciona inciso (F), efectiva el 1 de enero de 2010.)

Notas Importantes
Anotaciones

-DACO erró arbitrariamente al imponer las multas que nos ocupan, porque no están cimentadas por evidencia sustancial que obre en el expediente administrativo. <u>OCS v. Universal</u>, 187 D.P.R. 164, 179 (2012); <u>DACO v. TRU of Puerto Rico</u>, 2014TSPR119, (2014); 191 D.P.R. 760, (2014), Sentencia

Anotaciones Anteriores de la Regla 1.

-La propia Ley de Menores prohíbe el uso de la evidencia utilizada en el procesamiento de la falta imputada, en otros procedimientos judiciales de tipo civil o criminal. <u>Díaz Morales v. Departamento de Justicia</u>, 2008 TSPR 175; 174 D.P.R. 956, (2008)

Regla 104. Admisión o exclusión errónea de evidencia (32 L.P.R.A. AP VI Regla 104)

(A) Requisito de objeción

La parte perjudicada por la admisión errónea de evidencia debe presentar una objeción oportuna, específica y correcta o una moción para que se elimine del récord evidencia erróneamente admitida cuando el fundamento para objetar surge con posterioridad. Si el fundamento de la objeción surge claramente del contexto del ofrecimiento de la evidencia, no será necesario aludir a tal fundamento.

(B) Oferta de prueba

En el caso de exclusión errónea de prueba, la parte perjudicada deberá invocar el fundamento específico para la admisibilidad de la evidencia ofrecida y hacer una oferta de prueba de forma que surja claramente cuál es la evidencia que ha sido excluida y la naturaleza, propósito y pertinencia para la cual se ofrece. No será necesario invocar tal fundamento específico ni hacer la oferta de prueba cuando resultan evidentes del contexto del ofrecimiento.

El Tribunal permitirá la oferta de prueba y determinará si debe hacerse mediante un resumen de la evidencia ofrecida o el interrogatorio correspondiente. El Tribunal podrá añadir cualquier manifestación que demuestre el carácter de la evidencia, la forma en que fue ofrecida, la objeción a su admisión y la resolución sobre la exclusión.

(C) Objeción u oferta de prueba continua

Una vez el Tribunal dicta una resolución definitiva en el récord, para admitir o excluir prueba, ya sea antes o durante el juicio, una parte no tiene que renovar una objeción u oferta de prueba para conservar su derecho a plantear el asunto en apelación.

(D) Casos por Jurado

En los casos por Jurado, los procedimientos se llevarán a cabo de tal forma que se evite que evidencia inadmisible sea sugerida al Jurado mediante preguntas, aseveraciones u ofertas de prueba.

(Febrero 9, 2009, 2009TSPR035, Regla 104; Julio 30, 2009, Núm. 46, art. 1, efectiva el 1 de enero de 2010.)

Notas Importantes
Anotaciones

-Si una parte considera que el tribunal admitió evidencia erróneamente deberá "presentar una objeción oportuna, específica y correcta". Regla 104 de Evidencia, 32 LPRA Ap. VI. Así, permite que se pueda apelar en su momento la determinación del foro de instancia. Regla 105 (A) de Evidencia, 32 LPRA Ap. VI. Pueblo v. Santiago Irizarry, 2017TSPR73, (2017); 198 D.P.R. 35, (2017).

-Sin embargo, la doctrina de error no perjudicial (*harmless error*) establece que los tribunales apelativos no revocarán una sentencia por admisión errónea de evidencia, a menos que el error haya sido "un factor decisivo o sustancial en la sentencia emitida". ... Por tanto, si el error se considera benigno o no perjudicial -porque la exclusión de la evidencia no hubiese producido un resultado distinto- se confirma el dictamen a pesar del error. <u>Izagas Santos v. Family Drug Center</u>, <u>supra</u>, págs. 483-84. <u>Pueblo v. Santiago Irizarry</u>, 2017TSPR73, (2017); 198 D.P.R. 35, (2017).

Regla 105. Efecto de error en la admisión o exclusión de evidencia (32 L.P.R.A. AP VI Regla 105)

(A) Regla general

No se dejará sin efecto una determinación de admisión o exclusión errónea de evidencia ni se revocará por ello sentencia o decisión alguna a menos que:

(1) la parte perjudicada con la admisión o exclusión de evidencia hubiere satisfecho los requisitos de objeción, fundamento u oferta de prueba establecidos en la Regla 104 y

(2) el Tribunal que considera el señalamiento estime que la evidencia admitida o excluida fue un factor decisivo o sustancial en la sentencia emitida o decisión cuya revocación se solicita.

(B) Error constitucional

Si el error en la admisión o exclusión constituye una violación a un derecho constitucional de la persona acusada, el tribunal apelativo sólo confirmará la decisión si está convencido más allá de duda razonable que, de no haberse cometido el error, el resultado hubiera sido el mismo.

(Febrero 9, 2009, 2009TSPR035, Regla 105; Julio 30, 2009, Núm. 46, art. 1, efectiva el 1 de enero de 2010.)

Notas Importantes
Anotaciones

-Cuando se viola un derecho constitucional de un acusado aplica el estándar de error constitucional no perjudicial (*harmless constitutional error*), de modo que solo se confirma el dictamen si el tribunal apelativo "está convencido más allá de duda razonable que, de no haberse cometido el error, el resultado hubiera sido el mismo". Regla 105 (B) de Evidencia, 32 LPRA Ap. VI. <u>Pueblo v. Santiago Irizarry</u>, 2017TSPR73, (2017); 198 D.P.R. 35, (2017).

-Como no se lesionó ningún derecho constitucional del recurrido, no aplica el estándar de error constitucional no perjudicial. Bajo el entendido de que se admitió evidencia impertinente, el tribunal apelativo debió analizar el caso bajo el estándar de error no perjudicial y resolver si la exclusión de la evidencia hubiese producido un resultado distinto. Regla 105 (A) de Evidencia, 32 LPRA Ap. VI; Izagas Santos v. Family Drug Center, supra, pág. 483-84. Pueblo v. Santiago Irizarry, 2017TSPR73, (2017); 198 D.P.R. 35, (2017)

-Admisión Errónea de Evidencia.- Se violó el derecho de confrontación de un acusado al admitir en su contra un informe químico forense sin la comparecencia en el juicio del analista que lo produjo. Ante la revocación de una convicción por la admisión errónea de prueba corresponde decretar la celebración de un nuevo juicio. Pueblo v. Santos Santos, 2013TSPR89, (2013); 2013 D.P.R. 361, (2013).

-Establecido que el arresto fue legal y que todas las manifestaciones posteriores al arresto fueron voluntarias, concluimos que la regla de exclusión de evidencia es inaplicable en este caso. En consecuencia, resuelto que el arresto fue legal, es innecesaria la discusión de la doctrina atinente a la exclusión de evidencia. El arresto fue razonable y, por consiguiente, el arma obtenida por medio de las manifestaciones vertidas tras el arresto es admisible por no ser fruto del árbol ponzoñoso. Pueblo v. Pérez Rivera, 2012TSPR146, (2012); 186 D.P.R. 845, (2012)

Anotaciones Anteriores de la Regla 4.

El propósito de la Regla 4 de Evidencia, 32 L.P.R.A. Ap. IV, al exigir oportuna y correcta objeción de la evidencia por la parte perjudicada a causa de la introducción de la misma es promover una eficiente y sana administración de la justicia. Pueblo v. Ruiz Bosch, 127 D.P.R. 762, (1991)

Si una parte afectada por la errónea admisión de evidencia demuestra que interpuso oportuna y correcta objeción a la misma, tendrá el tribunal apelativo el deber de determinar si la admisión errónea de dicha evidencia fue factor decisivo o sustancial en la sentencia o decisión cuya revocación se solicita. Pueblo v. Ruiz Bosch, 127 D.P.R. 762, (1991)

-De acuerdo con las disposiciones de la Regla 4 de Evidencia, 32 L.P.R.A. Ap. IV, un tribunal apelativo debe determinar si la evidencia en controversia, la cual fue erróneamente admitida sobre la oportuna y correcta objeción de una parte perjudicada por la misma, fue o no un factor decisivo o sustancial en el resultado del caso. Esto es, si dicha evidencia pudo haber tenido una influencia notable y determinante en el veredicto, fallo o sentencia que emitió el juzgador de los hechos en el caso ante su consideración, fuera éste civil o criminal. Pueblo v. Ruiz Bosch, 127 D.P.R. 762, (1991)

-Ante un planteamiento en apelación de admisión errónea de prueba de cargo, y en relación con procesos de índole penal, el tribunal apelativo debe considerar, entre otros, los factores siguientes: (1) si el proceso fue celebrado ante Jurado o por tribunal de derecho; (2) si el resto de la prueba presentada por el Estado fue de carácter circunstancial o, por el contrario, la misma consistió en evidencia directa, y (3) si el error cometido fue ordinario o constitucional. Pueblo v. Ruiz Bosch, 127 D.P.R. 762, (1991)

-La Regla 4 de Evidencia, 32 L.P.R.A. Ap. IV, señala que no se revocará una sentencia por motivo de admisión errónea de evidencia, a menos que el tribunal entienda que ésta fue factor decisivo o sustancial en la sentencia cuya revocación se solicita. Pueblo v. Fradera Olmo, 122 D.P.R. 067, (1988)

Anotaciones Anteriores de la Regla 5

-Más recientemente, en el caso de Kyles v. Whitley, 514 U.S. 419, 433-435 (1994), el Tribunal resolvió que hay cuatro aspectos sobre la pertinencia de la evidencia exculpatoria que el caso de Bagley aclara con respecto a la norma de Brady. De antemano, la evidencia favorable al acusado alegadamente omitida debe ser pertinente (*material*) y debe existir una probabilidad razonable que de haber sido divulgada, el resultado del caso hubiese sido distinto. Kyles, aclara, además, que el concepto de pertinencia de Brady no implica una evaluación sobre la suficiencia de la prueba, más bien lo que se debe evaluar es si la evidencia omitida puede cambiar la perspectiva del caso al punto de minar la confiabilidad del fallo condenatorio. Pueblo v. Velázquez Colón, 2008TSPR124, (2008); 174 D.P.R. 304, (2008)

-El Tribunal también concluyó en Kyles, supra, pág. 434, que cuando el fundamento para pedir el remedio del nuevo juicio sea la supresión de prueba exculpatoria, el acusado no tiene que demostrar que la divulgación de la evidencia probablemente le hubiera absuelto. Pueblo v. Velázquez Colón, 2008TSPR124, (2008); 174 D.P.R. 304, (2008)

-El estándar de pertinencia que establecieron los casos de Brady y Bagley se cumple cuando el acusado demuestra que la evidencia suprimida puede razonablemente "arrojar una luz diferente sobre el juicio al punto de socavar la confianza en el resultado." Kyles, supra, pág. 435. Pueblo v. Velázquez Colón, 2008TSPR124, (2008); 174 D.P.R. 304, (2008)

-Si en ausencia de la prueba pertinente en cuanto a inocencia o culpabilidad que fue suprimida, el peticionario gozó de un juicio justo, es decir, de un juicio cuyo resultado es digno de confianza, o si en cambio, de haber sido presentada, la prueba omitida hubiese arrojado una luz diferente en el juicio al punto de socavar la confianza en el resultado. Este es el estándar aplicable para determinar si hay una probabilidad razonable de un veredicto diferente que amerite un nuevo juicio cuando las actuaciones del Estado ocasionan que el acusado no haya tenido acceso a la evidencia durante la etapa del juicio original. Pueblo v. Velázquez Colón, 2008TSPR124, (2008); 174 D.P.R. 304, (2008)

-En una solicitud de prueba exculpatoria, como el Ministerio Público no lo ha incluido como "testigo de cargo", no existe impedimento jurídico alguno para que el peticionario lo entreviste e incluso lo pueda utilizar como testigo de defensa en la vista de causa probable para arresto en alzada bajo la Regla 6 de Procedimiento Criminal. Pueblo v. Rosselló González, Resolución, 2007TSP 28, (2007); 170 D.P.R. 355, (2007.

-Evidencia exculpatoria. -a los fines del alcance de la obligación del Ministerio Fiscal de revelar a la defensa tal evidencia-- es toda aquella que resulta favorable al acusado y que posee relevancia en cuanto a los aspectos de culpabilidad y castigo, independientemente de la buena o mala fe exhibida por el Ministerio Fiscal. Pueblo v. Echevarría Rodríguez, 128 D.P.R. 299, (1991)

-Un acusado de asesinato no puede quejarse de que se le hiciera una segunda autopsia a la víctima cuando tuvo oportunidad de impugnarla y obtuvo copia del protocolo de esa autopsia, además de que tuvo amplia oportunidad en el juicio de interrogar a los médicos que practicaron la autopsia sobre sus propósitos y hallazgos. Pueblo v. Echevarría Rodríguez, 128 D.P.R. 299, (1991)

-Por imperativo del debido proceso de ley, el Ministerio Fiscal tiene el deber de revelar cualquier evidencia exculpatoria, testimonio perjuro o indicios de falsedad en la prueba que tenga en su poder. Pueblo v. Echevarría Rodríguez, 128 D.P.R. 299, (1991)

-Cuando se cometen varios errores de derecho probatorio o procesal, ninguno de los cuales --de por sí-- es suficiente para revocar una convicción en apelación, puede ocurrir que al ponderar el efecto de la comisión de todos los errores considerados conjuntamente, el tribunal apelativo estime que de no haberse cometido todos ellos el resultado hubiera sido distinto; en ese caso, cabe revocar por el efecto acumulativo de los errores. Pueblo v. Echevarría Rodríguez, 128 D.P.R. 299, (1991)

-Es norma claramente establecida por el Tribunal Supremo que no se dejará sin efecto una sentencia por motivo de exclusión errónea de evidencia a no ser que el Tribunal entienda que dicha exclusión fue un factor sustancial en la decisión tomada por el tribunal de instancia y que el resultado, de no haber sido excluida la evidencia, hubiese sido distinto. Federal Deposit Insurance Agency V. Caribbean Marketing, 123 D.P.R. 247, (1989)

-Como regla general, una parte no puede invocar en apelación un fundamento distinto al invocado originalmente en instancia al objetar la exclusión de determinada prueba. Pueblo v. Franceschini Sáez, 110 D.P.R. 794, (1981).

-Aun cuando se le indique al tribunal de instancia el fundamento preciso para la admisión de cierta evidencia, puede haber circunstancias singulares en que la naturaleza, propósito y pertinencia de la prueba se desprendan claramente del contexto de su presentación y en que el fundamento del pretendido error sea evidente, de suerte que permitan pasar juicio al tribunal de apelación sobre la pertinencia de la prueba. Pueblo v. Franceschini Sáez, 110 D.P.R. 794, (1981).

-El inciso (2) de la Regla 5 de Evidencia prohíbe que se deje sin efecto una determinación de exclusión de prueba, excepto cuando el tribunal que considera el efecto de la exclusión errónea entiende que ésta fue factor decisivo o sustancial en la sentencia o decisión cuya revocación se solicita. Pueblo v. Franceschini Sáez, 110 D.P.R. 794, (1981).

Regla 106. Error extraordinario (32 L.P.R.A. AP VI Regla 106)

Un tribunal apelativo podrá considerar un señalamiento de error de admisión o exclusión de evidencia y revocar una sentencia o decisión, aun cuando la parte que hace el señalamiento no hubiera satisfecho los requisitos establecidos en la Regla 104, si:
(A) el error fue craso ya que no cabe duda de que fue cometido,
(B) el error fue perjudicial porque tuvo un efecto decisivo o sustancial en la sentencia o decisión cuya revocación se solicita y,
(C) el no corregirlo resulte en un fracaso de la justicia.
(Febrero 9, 2009, 2009TSPR035, Regla 106; Julio 30, 2009, Núm. 46, art. 1, efectiva el 1 de enero de 2010.)

Notas Importantes
Anotaciones Anteriores de la Regla 6.

-El criterio que establece la Regla 6 de Evidencia, 32 L.P.R.A. Ap. IV, aplicable a situaciones en que la evidencia erróneamente admitida no fue oportuna y correctamente objetada, es diferente y más riguroso que el establecido por la Regla 4 de Evidencia, 32 L.P.R.A. Ap. IV, que hace que la probabilidad de que se anule la sentencia emitida sea menor que cuando se trata de la situación en que dicha evidencia fue oportuna y correctamente objetada. Pueblo v. Ruiz Bosch, 127 D.P.R. 762, (1991)

-Las Reglas 4 y 6 de Evidencia, 32 L.P.R.A. Ap. IV, no sólo regulan situaciones diferentes sino que establecen criterios (tests) distintos para lidiar con dichas situaciones. Pueblo v. Ruiz Bosch, 127 D.P.R. 762, (1991)

-Al amparo de las disposiciones de la Regla 6 de Evidencia, 32 L.P.R.A. Ap. IV --ante el incumplimiento de una parte con su deber de objetar de manera oportuna y correcta la evidencia erróneamente admitida, e independiente de la influencia que sobre un proceso pudo tener dicha evidencia-- el tribunal apelativo debe determinar si, independientemente de la existencia del error craso y perjudicial y su influencia sobre el juzgador de los hechos, el resultado del caso y la totalidad de las circunstancias en que se dio el mismo resultan ser compatibles con el ideal básico de justicia imperante en esta jurisdicción. Esto es, la consecución de un resultado correcto en derecho luego de la celebración de un proceso justo e imparcial en el que se han observado las garantías mínimas del debido procedimiento de ley. Pueblo v. Ruiz Bosch, 127 D.P.R. 762, (1991)

-Sobre exclusión errónea de evidencia, Sucn. Muñoz v. Cepeda, 72 D.P.R. 593, (1951); Pueblo v. De Jesús , 70 D.P.R. 37, (1949).

-La norma del error extraordinario, Pueblo v. Fournier, 77 D.P.R. 222, 278, (1954) y Pueblo v. Oquendo, 83 D.P.R. 234, 241-242, (1961).

Regla 107. Admisibilidad limitada (32 L.P.R.A. AP VI Regla 107)

Cuando determinada evidencia sea admisible en cuanto a una parte o para un propósito, y sea inadmisible en cuanto a otra parte o para otro propósito, el Tribunal, previa solicitud al efecto, limitará la admisibilidad de esa evidencia a su alcance apropiado e instruirá inmediatamente sobre ello al Jurado, de haberlo.

(Febrero 9, 2009, 2009TSPR035, Regla 107; Julio 30, 2009, Núm. 46, art. 1, efectiva el 1 de enero de 2010.)

Regla 108. Evidencia relacionada con lo ofrecido (32 L.P.R.A. AP VI Regla 108)

Cuando un escrito, grabación o filmación, o parte de éstos, es presentado como evidencia por una parte, la parte contraria puede requerir que en ese momento se presente la totalidad del escrito, grabación o filmación presentado parcialmente. Puede igualmente requerir cualquier otro escrito, grabación o filmación que deba ser presentado contemporáneamente para la más cabal comprensión del asunto. No se admitirá prueba de otra manera inadmisible, bajo el pretexto de la presentación de la totalidad del escrito, grabación o filmación.

(Febrero 9, 2009, 2009TSPR035, Regla 108; Julio 30, 2009, Núm. 46, art. 1, efectiva el 1 de enero de 2010.)

Notas Importantes
Anotaciones Anteriores de la Regla 8.

-El propósito de la regla de la totalidad --Regla 8 de Evidencia, 32 L.P.R.A. Ap. IV-- es fomentar la presentación simultánea de toda la documentación relacionada y no esperar por la presentación de la documentación restante en un momento posterior. Pueblo v. Echevarría Rodríguez, 128 D.P.R. 299, (1991)

-Denominada Regla de la totalidad. Como regla general, cuando parte de un escrito se ofreciera por una de las partes en evidencia, la totalidad del mismo podrá ser investigado por la otra. Pueblo v. Dones Arroyo, 106 D.P.R. 303, (1977)

Regla 109. Determinaciones preliminares a la admisibilidad de evidencia (32 L.P.R.A. AP VI Regla 109)

(A) Admisibilidad en general

Las cuestiones preliminares en relación con la capacidad de una persona para ser testigo, la existencia de un privilegio o la admisibilidad de evidencia serán determinadas por el Tribunal salvo a lo dispuesto en el inciso (B) de esta Regla. Al hacer tales determinaciones, el Tribunal no queda obligado por las Reglas de Derecho Probatorio, excepto por aquéllas relativas a privilegios.

(B) Pertinencia condicionada a los hechos

Cuando la pertinencia de evidencia ofrecida depende de que se satisfaga una condición de hecho, el Tribunal la admitirá al presentarse evidencia suficiente para sostener la conclusión de que la condición ha sido satisfecha. El Tribunal puede también admitir la evidencia si posteriormente se presenta evidencia suficiente para sostener la conclusión de que la condición ha sido satisfecha.

(C) Determinaciones en ausencia del Jurado cuando medie confesión de la persona acusada.

En casos ventilados ante Jurado, toda la evidencia relativa a la admisibilidad de una confesión de la persona acusada será escuchada y evaluada por la Jueza o el Juez en ausencia del Jurado. Si la Jueza o el Juez determina que la confesión es admisible, la persona acusada podrá presentar al Jurado, y el Ministerio Público podrá refutar, evidencia pertinente relativa al peso o credibilidad de la confesión y a las circunstancias bajo las cuales la confesión fue obtenida. Otras determinaciones preliminares a la admisibilidad de evidencia también podrán considerarse en ausencia del Jurado cuando los intereses de la justicia así lo determinen o cuando la persona acusada sea un testigo que así lo solicite.

(D) Testimonio de la persona acusada en determinaciones preliminares

La persona acusada que testifica en torno a una cuestión preliminar a la admisibilidad de evidencia no queda por ello sujeta a contrainterrogatorio en cuanto a otros asuntos del caso. La declaración de una persona acusada sobre el asunto preliminar no es admisible en su contra salvo para propósitos de su impugnación.

(E) Valor probatorio y credibilidad

Esta Regla no limita el derecho de las partes a presentar evidencia ante el Jurado que sea pertinente al valor probatorio o a la credibilidad de la evidencia admitida luego de la correspondiente determinación preliminar del Tribunal.

(Febrero 9, 2009, 2009TSPR035, Regla 109; Julio 30, 2009, Núm. 46, art. 1, efectiva el 1 de enero de 2010.)

Notas Importantes
Anotaciones Anteriores de la Regla 9

"El presente recurso permite expresarnos sobre la necesidad de la celebración de una vista, previa y separada del juicio propiamente, bajo las disposiciones de la Regla 9 de las Reglas de Evidencia de 1979 (32 L.P.R.A. Ap. IV) en una situación donde se cuestiona la capacidad de un testigo para actuar como tal a la luz de las disposiciones de las Reglas 36 y 37 de las referidas Reglas de Evidencia, 32 L.P.R.A. Ap. IV. Resolvemos que la celebración o no de dicha vista depende de si el juicio criminal que se celebra es uno por jurado o por tribunal de derecho." Pueblo v. Torres Figueroa, 126 D.P.R. 721, (1990)

-La evidencia demostrativa real requiere una determinación de pertinencia preliminar a su admisión en evidencia. Regla 9 de Evidencia, 32 L.P.R.A. Ap. IV. El Tribunal hace esta determinación fundamentándose en el "testimonio de base" que se le presente. Es necesario, por tanto, que el proponente de este tipo de evidencia demuestre mediante dicho "testimonio de base" la autenticidad y, por ende, la pertinencia de la evidencia en cuestión como condición previa a su admisión. Pueblo v. Carrasquillo Morales, 123 D.P.R. 690, (1989)

-El **quantum** de prueba, necesario para establecer la condición preliminar de pertinencia para la admisión de evidencia demostrativa real, es aquel que produzca "convicción moral en un ánimo no prevenido". No es necesario que se excluya toda posibilidad de error, pues lo importante es que se pueda concluir de forma razonable que la evidencia ha sido adecuadamente custodiada y salvaguardada. Pueblo v. Carrasquillo Morales, 123 D.P.R. 690, (1989)

-La evidencia demostrativa real requiere una determinación de pertinencia preliminar a su admisión en evidencia bajo la Regla Núm. 9 de Evidencia. Como condición previa a su admisión el proponente debe demostrar su pertinencia mediante "testimonio de base". Pueblo v. Bianchi Álvarez, 117 D.P.R. 484, (1986)

-La determinación preliminar de admisibilidad de evidencia demostrativa real la debe hacer el tribunal bajo la Regla Núm. 9 (A) de Evidencia, a base del "testimonio de base" que se le presente, el cual no queda obligado por las Reglas de Evidencia, excepto las relativas a privilegios. Pueblo v. Bianchi Álvarez, 117 D.P.R. 484, (1986)

-La pertinencia, con relación a la presentación en evidencia del análisis de una sustancia, requiere prueba de las precauciones necesarias para asegurar la autenticidad, corrección, veracidad y confiabilidad de los resultados obtenidos. Pueblo v. Bianchi Álvarez, 117 D.P.R. 484, (1986)

-La condición preliminar de pertinencia, para la admisión de evidencia demostrativa real, debe probarse con certeza razonable, con evidencia que produzca "convicción moral en un ánimo no prevenido". No es necesario que se excluya toda posibilidad de error ni que se produzca absoluta certeza, pues lo importante es que sea razonable concluir que la evidencia ha sido adecuadamente custodiada y salvaguardada. Pueblo v. Bianchi Álvarez, 117 D.P.R. 484, (1986)

-La muerte de un co-conspirador, bajo los hechos del caso de autos, no hace inadmisible de por sí lo que hubiese manifestado a terceras personas en relación a la participación del acusado en la conspiración de la cual formaba parte, máxime cuando existe prueba adicional contra el acusado a los efectos de que dicha tercera persona se enteró de la conspiración por boca del propio acusado. Pueblo v. Dones Arroyo, 106 D.P.R. 303, (1977)

-Es admisible en evidencia el testimonio de una testigo a los efectos de que un co-conspirador, ya fallecido al momento del juicio, era un experto tirador, con mayor razón cuando una de las testigos de defensa declaró sobre el mismo extremo. Pueblo v. Dones Arroyo, 106 D.P.R. 303, (1977)

-Una conspiración no termina necesariamente con la comisión del delito. Pueblo v. Dones Arroyo, 106 D.P.R. 303 (1977)

-Son admisibles en evidencia contra otro coconspirador las manifestaciones de un coconspirador hechas tan próximas al tiempo de cometer el delito que forman parte del **res gestae** ya que tienden a confirmar la conspiración y demostrar la intención de las partes. Pueblo v. Dones Arroyo, 106 D.P.R. 303, (1977)

Regla 110. Evaluación y suficiencia de la prueba

La juzgadora o el juzgador de hechos deberá evaluar la evidencia presentada con el propósito de determinar cuáles hechos han quedado establecidos o demostrados, con sujeción a los principios siguientes:

(A) El peso de la prueba recae sobre la parte que resultaría vencida de no presentarse evidencia por alguna de las partes.

(B) La obligación de presentar evidencia primeramente recae sobre la parte que sostiene la afirmativa en el asunto en controversia.

(C) Para establecer un hecho, no se exige aquel grado de prueba que, excluyendo posibilidad de error, produzca absoluta certeza.

(D) La evidencia directa de una persona testigo que merezca entero crédito es prueba suficiente de cualquier hecho, salvo que otra cosa se disponga por ley.

(E) La juzgadora o el juzgador de hechos no tiene la obligación de decidir de acuerdo con las declaraciones de cualquier cantidad de testigos que no le convenzan contra un número menor u otra evidencia que le resulte más convincente.

(F) En los casos civiles, la decisión de la juzgadora o del juzgador se hará mediante la preponderancia de la prueba a base de criterios de probabilidad, a menos que exista disposición al contrario. En los casos criminales, la culpabilidad de la persona acusada debe ser establecida más allá de duda razonable.

(G) Cuando pareciere que una parte, teniendo disponible una prueba más firme y satisfactoria, ofrece una más débil y menos satisfactoria, la evidencia ofrecida deberá considerarse con sospecha.

(H) Cualquier hecho en controversia es susceptible de ser demostrado mediante evidencia directa o mediante evidencia indirecta o circunstancial. Evidencia directa es aquélla que prueba el hecho en controversia sin que medie inferencia o presunción alguna y que, de ser cierta, demuestra el hecho de modo concluyente. Evidencia indirecta o circunstancial es aquélla que tiende a demostrar el hecho en controversia probando otro distinto, del cual por si o, en unión a otros hechos ya establecidos, puede razonablemente inferirse el hecho en controversia.

(Febrero 9, 2009, 2009TSPR035, Regla 110; Julio 30, 2009, Núm. 46, art. 1, efectiva el 1 de enero de 2010.)

Notas Importantes
Anotaciones
-La prueba que se presente debe dirigirse a demostrar la existencia de cada uno de los elementos del delito, la conexión de estos con el acusado, y la intención o negligencia de este. Pueblo v. Santiago, et. al., 176 D.P.R. 133, 142, (2009). La evaluación de la prueba de casos criminales debe analizarse cuidadosamente para que no se viole el derecho constitucional de un acusado a que su culpabilidad se establezca más allá de duda razonable. Pueblo v. Acevedo Estrada, 150 D.P.R. 84, (2000). Pueblo v. De Jesús Mercado, 2013TSPR52, (2013); 188 D.P.R. 467, (2013).

-La Regla 110 de Evidencia nos instruye en cuanto a la evaluación y suficiencia de la prueba. 32 L.P.R.A. Ap. VI. De su texto surge que será el juzgador de hechos quien "deberá evaluar la evidencia presentada con el propósito de determinar cuáles hechos han quedado establecidos o demostrados". De acuerdo a ese precepto, eso se hará con sujeción a varios parámetros que allí se enumeran. Entre ellos, el inciso (d) señala que "la evidencia directa de una persona testigo que merezca entero crédito es prueba suficiente de cualquier hecho, salvo que otra cosa se disponga por ley". Pueblo v. De Jesús Mercado, 2013TSPR52, (2013); 188 D.P.R. 467, (2013).

-En Pueblo v. Chévere Heredia, 139 D.P.R. 1, 15, (1995), reiteramos que el testimonio de un testigo principal, por sí solo, de ser creído, es suficiente en derecho para sostener un fallo condenatorio, aun cuando no haya sido un testimonio "perfecto", pues "es al juzgador de los hechos a quien le corresponde resolver la credibilidad de un testigo cuando haya partes de su testimonio que no sean aceptables". Pueblo v. De Jesús Mercado, 2013 TSPR 52, (2013); 188 D.P.R. 467, (2013).

Anotaciones Anteriores de la Regla 10.

-1. Carga de Prueba.

-En atención a la naturaleza de un proceso criminal, como la presunción de inocencia cobija al acusado en cuanto a todo elemento esencial del delito, el peso de la prueba permanece, durante todas las etapas del proceso a nivel de instancia, sobre el Estado. Pueblo v. Túa, 84 D.P.R 39 (1961). Dicho de otro modo, el acusado no tiene obligación alguna de aportar prueba para defenderse; más bien, puede descansar plenamente en la presunción de inocencia que le asiste, Rosaly Soto, ante, la cual presunción sólo puede derrotarse, repetimos, con prueba que establezca la culpabilidad del acusado más allá de toda duda razonable. Es decir, tanto los elementos del delito como la conexión del acusado con el mismo tienen que ser demostrados con ese quantum de prueba. Pueblo v. Irizarry, 2002TSPR062, (2002); 156 D.P.R. 780, (2002)

-El Código Civil de Puerto Rico y las Reglas de Evidencia proveen soluciones a casos como el que tenemos ante nuestra consideración, sin necesidad de referirnos a la llamada doctrina *res ipsa loquitur*. Es por ello que cuando rehusamos referirnos a tal doctrina, no se crea un vacío, sino que sólo nos remitimos a nuestro derecho positivo, sin necesidad de importaciones judiciales que son innecesarias. Bacó v. Almacén Ramón Rosa Delgado, Inc. 2000TSPR111, (2000); 151 D.P.R. 711, (2000).

-En nuestra jurisdicción el único criterio válido de suficiencia de prueba para establecer un hecho, conforme a la Regla 10(C) de las Reglas de Evidencia, no exige aquel grado de prueba que excluida la posibilidad de error produzca absoluta certeza. Sólo se exige la certeza o convicción moral en un ánimo no prevenido. Pueblo v. Jordán Tarraza, 118 D.P.R. 592, (1987)

-El criterio de "certeza moral", exigido para establecer un hecho por la Regla 10(C) de las Reglas de Evidencia, queda plenamente satisfecho con el certificado de matrimonio en virtud de los requisitos que la ley exige para expedir una licencia, su celebración y eventual inscripción. Pueblo v. Jordán Tarraza, 118 D.P.R. 592, (1987)

-La obligación de presentar evidencia primeramente recae sobre la parte que sostiene la afirmativa en la cuestión en controversia. Asociación Auténtica Empl. Municipio de Bayamón, 111 D.P.R. 527, (1981)

-La presunción la legalidad del voto debe ser rebatida por prueba afirmativa. P.P.D. v. Adm. General de Elecciones, 111 D.P.R. 199, (1981)

-2. Evidencia suficiente.

Las determinaciones de hechos se hacen en casos civiles a base de la preponderancia de la prueba--Regla 10(F) de Evidencia--y en casos criminales se requiere que la culpabilidad se pruebe más allá de duda razonable--Regla 110 de Procedimiento Criminal., Ap II del Título 34. P.P.D. v. Adm. General de Elecciones, 111 D.P.R. 199, (1981)

-El debido procedimiento ley impone que, para la negación de un derecho fundamental, el valor y suficiencia de la prueba sean medidos con criterios más rigurosos que el de preponderancia de la prueba. P.P.D. v. Adm. General de Elecciones, 111 D.P.R. 199, (1981)

-El criterio intermedio de prueba--que se encuentra entre el de mera preponderancia de la prueba en casos civiles y el de más allá de duda razonable en casos criminales--es adjetivado con combinaciones de palabras como "clara", "robusta", "inequívoca" y "convincente", y es aplicable según la naturaleza del interés o derecho de que se trate. P.P.D. v. Adm. General de Elecciones, 111 D.P.R. 199, (1981)

-3. Prueba Inequívoca.

-El término **prueba inequívoca** significa prueba que no admite duda, una carga que se aproxima a, si es que no excede, la requerida en casos penales. P.P.D. v. Adm. General de Elecciones, 111 D.P.R. 199, (1981)

-El criterio de prueba a utilizarse en casos de recusación del voto de un elector es, a tenor con la Constitución de Puerto Rico, el de prueba clara, robusta y convincente. P.P.D. v. Adm. General de Elecciones, 111 D.P.R. 199, (1981)

-Inferencias, conjeturas o prueba de referencia no son suficientes para anular el voto de un elector. Cualquier duda debe resolverse a favor del ejercicio del derecho al voto. P.P.D. v. Adm. General de Elecciones, 111 D.P.R. 199, (1981)

-Para destruir la presunción d validez e integridad del voto emitido por un elector se requiere que quien lo impugna descargue el peso de así demostrarlo mediante prueba clara, robusta y convincente, no afectada por reglas de exclusión ni a base de conjeturas. P.P.D. v. Adm. General de Elecciones, 111 D.P.R. 199, (1981)

CAPÍTULO II: CONOCIMIENTO JUDICIAL

Regla 201. Conocimiento judicial de hechos adjudicativos (32 L.P.R.A. AP VI Regla 201)

(A) Esta Regla aplica solamente al conocimiento judicial de hechos adjudicativos.

(B) El Tribunal podrá tomar conocimiento judicial solamente de aquel hecho adjudicativo que no esté sujeto a controversia razonable porque:

(1) es de conocimiento general dentro de la jurisdicción territorial del Tribunal, o

(2) es susceptible de corroboración inmediata y exacta mediante fuentes cuya exactitud no puede ser razonablemente cuestionada.

(C) El Tribunal podrá tomar conocimiento judicial a iniciativa propia o a solicitud de parte. Si es a solicitud de parte y ésta provee información suficiente para ello, el Tribunal tomará conocimiento judicial.

(D) Las partes tendrán derecho a ser oídas en torno a si procede tomar conocimiento judicial. De no haber sido notificada oportunamente por el Tribunal o por la parte promovente, la parte afectada podrá solicitar la oportunidad de ser oída luego de que se haya tomado conocimiento judicial.

(E) El Tribunal podrá tomar conocimiento judicial en cualquier etapa de los procedimientos, incluyendo la apelativa.

(F) En casos criminales ante Jurado, la Jueza o el Juez instruirá a las personas miembros del Jurado que pueden, pero no están obligados a aceptar como concluyente cualquier hecho del cual haya sido tomado conocimiento judicial.

(Febrero 9, 2009, 2009TSPR035, Regla 201; Julio 30, 2009, Núm. 46, art. 1, enmienda el inciso (F), efectiva el 1 de enero de 2010.)

Notas Importantes
-Anotaciones

-El conocimiento judicial es un medio de prueba. Trata de establecer un hecho como cierto sin la necesidad formal de presentar evidencia. ... Por lo tanto, tomar conocimiento judicial de un hecho adjudicativo significa que el hecho es aceptado como cierto sin necesidad de que la persona obligada presente evidencia de su veracidad. Ello es así porque el tribunal presume que la cuestión es tan notoria que no será disputada. Pese a ello, la parte contraria no está impedida de ofrecer prueba en contrario. Lluberas v. Mario Mercado e Hijos, 75 D.P.R. 7, 20, (1953); Universidad de Puerto Rico v. Laborde Torres, 2010 TSPR 225, 180 D.P.R. 253, (2010)

-El apartado (b) de esta regla establece los dos criterios por los cuales el tribunal puede adquirir conocimiento judicial. El primer criterio es la notoriedad del hecho, lo cual incluye el conocimiento general que exista en la jurisdicción. … El segundo criterio que exhibe el inciso (b) de la regla, expone que debe ser un hecho cuya existencia no puede ser cuestionada. Tales hechos deben ser de determinación inmediata al recurrir a fuentes cuya exactitud no puede ser discutida. Al amparo de este criterio el hecho no tiene que ser notorio o de conocimiento general, sino de cómoda corroboración. Universidad de Puerto Rico v. Laborde Torres, 2010 TSPR 225, 180 D.P.R. 253, (2010)

Anotaciones Anteriores de la Regla 11.

-"No debe haber duda del hecho de que los tribunales pueden tomar conocimiento judicial de literatura médica; ello, naturalmente, al amparo de las disposiciones de la Regla 11(A)(1)y(2) de las citadas Reglas de Evidencia." Agrón Pérez v. Fondo Del Seguro Del Estado, 1997 DTS 26, (1997); 141 D.P.R. 573, (1997), Opinión Concurrente del Hon. Rebollo López.

-Cuando la amplia exposición de un caso criminal en los medios de comunicación masiva es notoria o palpable, puede tomarse conocimiento judicial de la misma. Pueblo v. Echevarría Rodríguez, 128 D.P.R. 299, (1991)

-Un tribunal puede tomar conocimiento judicial de un hecho adjudicativo a tenor con la Regla 11 de Evidencia aun cuando éste se produzca luego de dictarse y notificarse la sentencia. De La Cruz Figueroa v. Toro Sintes, 112 D.P.R. 650, (1982)

-No es un hecho adjudicativo--a lo fines de que pueda tomarse conocimiento judicial de conformidad con la Regla 11 de Evidencia--el hecho en que se basa un informe del Servicio de Bomberos para requerir que se remuevan ciertos portones de acceso a la azotea y escaleras de escape de cierto edificio de apartamientos. De la Cruz Figueroa V. Toro Sintes, 112 D.P.R. 650, (1982)

-Rechazada por el Tribunal Supremo la revisión de una sentencia criminal dictada en apelación por el Tribunal Superior confirmando otra del Tribunal de Distrito que condena a un acusado por el delito de expedir cheques sin fondos, el Tribunal Supremo puede tomar conocimiento judicial de tal hecho en otro procedimiento judicial. Archevali V. E.L.A., 110 D.P.R. 767, (1981)

Regla 202. Conocimiento judicial de asuntos de derecho (32 L.P.R.A. AP VI Regla 202)

(A) El Tribunal tomará conocimiento judicial de:

(1) la Constitución y las leyes del Estado Libre Asociado de Puerto Rico,

(2) la Constitución y las leyes de los Estados Unidos de América.

(B) El Tribunal podrá tomar conocimiento judicial de:

(1) las Reglas y Reglamentos de los Estados Unidos de América y del Estado Libre Asociado de Puerto Rico

(2) las leyes y reglamentos de los estados y territorios de los Estados Unidos de América, y

(3) las ordenanzas aprobadas por los municipios del Estado Libre Asociado de Puerto Rico.

(4) los tratados en los que los Estados Unidos de América sea parte y apliquen a Puerto Rico.

(Febrero 9, 2009, 2009TSPR035, Regla 202; Julio 30, 2009, Núm. 46, art. 1, se eliminan los sub-incisos (4) y (5) del inciso (B) y se reenumera el sub-inciso (6) como inciso (4) de la Regla 202(B), efectiva el 1 de enero de 2010.

Notas Importantes
Anotaciones Anteriores de la Regla 12.

-"Como es de todos conocido, los tribunales de justicia están obligados a tomar conocimiento judicial de la Constitución y leyes del Estado Libre Asociado y de la Constitución y leyes de los Estados Unidos. Además, pueden tomar conocimiento judicial de las leyes y el derecho de los estados y territorios de los Estados Unidos, así como de las reglas y reglamentos del Estado Libre Asociado y de los Estados Unidos." Agrón Pérez v. Fondo Del Seguro Del Estado, 1997 DTS 26, (1997); 141 D.P.R. 573, (1997), Opinión Concurrente del Hon. Rebollo López.

-"A tenor con la Regla 12 de Evidencia se puede tomar conocimiento judicial de un reglamento promulgado al amparo de una ley." De la Cruz Figueroa v. Toro Sintes, 112 D.P.R. 650, (1982)

CAPÍTULO III: PRESUNCIONES

Regla 301. Presunción – definiciones (32 L.P.R.A. AP VI Regla 301)

(A) Una presunción es una deducción de un hecho que la ley autoriza a hacer o requiere que se haga de otro hecho o grupo de hechos previamente establecidos en la acción. A ese hecho o grupo de hechos previamente establecidos se les denomina *hecho básico*. Al hecho deducido mediante la presunción, se le denomina *hecho presumido*.

(B) La presunción es incontrovertible cuando la ley no permite presentar evidencia para destruirla o rebatirla. Es decir, para demostrar la inexistencia del hecho presumido. El resto de las presunciones se denominan controvertibles.

(C) Este capítulo se refiere sólo a presunciones controvertibles.

(Febrero 9, 2009, 2009TSPR035, Regla 301; Julio 30, 2009, Núm. 46, art. 1, efectiva el 1 de enero de 2010.)

Notas Importantes
Anotaciones

-Las presunciones en los procesos judiciales "son reglas de inferencia que controlan o limitan la discreción del juzgador en el aspecto central de deducir o inferir las conclusiones pertinentes a partir de toda la evidencia presentada en el juicio". La Regla 301 de Evidencia de Puerto Rico, 32 LPRA Ap. VI, define una presunción como una deducción de un hecho autorizado a hacer o que se requiere que se haga de otro hecho o grupo de hechos previamente establecidos en la acción. El hecho base es ese elemento fáctico establecido previamente, y el hecho presumido es el elemento fáctico que se deduce del hecho base. Pueblo v. Nieves Cabán, 2019TSPR033, (2019); 201 D.P.R. 853, (2019).

-Aunque hay varios fundamentos para crear presunciones, la razón central en que estas se sostienen es una cuestión de probabilidades. En ese sentido, en gran medida la implementación de las presunciones está guiada por la lógica, la experiencia y el sentido común. En otros términos, el juicio inferencial del juzgador. Así, establecido el hecho base para la presunción, se permite que el juzgador infiera y dé como establecido el hecho presumido. Pueblo v. Nieves Cabán, 2019TSPR033, (2019); 201 D.P.R. 853, (2019).

-Existen varios tipos de presunciones según sus características. Las presunciones pueden ser *controvertibles* o *incontrovertibles*. A su vez, estas pueden ser *mandatoriaso permisibles*. Pueden ser, de igual manera, conforme al quantum de prueba que se requiere de quien debe atacarla, presunciones *fuertes* o *débiles*. Una presunción incontrovertible no puede ser rebatida, por lo que el hecho base obliga a hacer la inferencia del hecho presumido sin que la parte contra quien se aplica la presunción pueda presentar prueba sobre la inexistencia del hecho presumido. De poderse rebatir, es decir, si existe la posibilidad de presentar evidencia para demostrar la inexistencia del hecho presumido, estamos ante una presunción controvertible. Pueblo v. Nieves Cabán, 2019TSPR033, (2019); 201 D.P.R. 853, (2019).

-Las presunciones mandatorias son aquéllas que el juzgador está obligado a seguir y, por tanto, a inferir el hecho presumido. Contrario a lo anterior, ante una presunción permisible el juzgador puede -pero no tiene- que inferir el hecho presumido. Pueblo v. Nieves Cabán, 2019TSPR033, (2019); 201 D.P.R. 853, (2019).

-Las presunciones en procesos penales y en procesos civiles no se aplican de la misma forma. La Regla 303 de Evidencia, supra, regula las presunciones en procedimientos criminales. … En los procesos penales el efecto de la presunción depende de si esta beneficia o perjudica al acusado. Una presunción que favorece al Ministerio Público y perjudica al acusado tiene que ser una presunción controvertible, permisiva y débil. Pueblo v. Nieves Cabán, 2019TSPR033, (2019); 201 D.P.R. 853, (2019).

-En Pueblo v. De Jesús Cordero, 101 DPR 492, 501, (1973), al evaluar la validez de las presunciones, este Tribunal esbozó, como parámetro a seguir, el que estas no alteraran el peso de la prueba impuesto al Estado. Asimismo, señalamos que estas no podían lesionar la presunción de inocencia. De hecho, **allí validamos una norma de evidencia *prima facie* de posesión ilegal por parte de todos los ocupantes de un vehículo en el cual se encuentra un arma**. Posteriormente, en *Pueblo v. González Beníquez*, 111 DPR 167 (1981), habiéndose resuelto *Ulster County Court v. Allen*, 442 US 140, 156 (1979), determinamos que se trataba de una presunción permisible que no invertía la carga de la prueba porque podía dar o no a que se infiriera el hecho presumido y el Estado de todos modos estaba obligado a probar cada elemento del delito fuera de duda razonable. **Entendimos que esto no afectaba la presunción de inocencia o el derecho a no incriminarse, ni el derecho a un juicio u otros derechos.** Pueblo v. Nieves Cabán, 2019TSPR033, (2019); 201 D.P.R. 853, (2019).

-En *Pueblo v. Sánchez Molina,* 134 DPR 577 (1993), acogimos finalmente la norma instaurada por el Tribunal Supremo de Estados Unidos al evaluar la validez de las presunciones en procesos criminales en virtud del debido proceso de ley y la presunción de inocencia. Precisamente, como las presunciones son "normas relativas al modo de evaluar la evidencia y las inferencias que pueden hacerse de ésta", en virtud del debido proceso de ley, expresamos que estas presunciones deben cumplir con varios requisitos, a saber: (1) no pueden ser arbitrarias, por lo que debe existir una relación racional entre el hecho básico y el hecho presumido, y (2) no pueden violar la presunción de inocencia ni la obligación del Ministerio Público de establecer la comisión del delito más allá de duda razonable. En consecuencia, resolvimos que las presunciones mandatorias contra el acusado, fueran incontrovertibles o refutables, eran inconstitucionales. Ello, pues las primeras conllevan que se haga una inferencia sobre los elementos del delito de forma concluyente y, por tanto, tienen el efecto de eximir al Estado de probar el caso más allá de duda razonable y atentan contra la presunción de inocencia. Las segundas "permiten inferir un elemento del delito o un hecho esencial, y transfieren al acusado la obligación de producir prueba para persuadir al juzgador en torno a la no ocurrencia de ese elemento o hecho". Pueblo v. Nieves Cabán, 2019TSPR033, (2019); 201 D.P.R. 853, (2019).

-Las presunciones permisibles o no mandatorias "[n]o transfiere[n] al acusado ni el peso de la prueba ni la obligación de persuadir al juzgador". Por ello, señalamos que estas inferencias o presunciones son "válida[s] a menos que el acusado pueda demostrar que, a la luz de [los]hechos probados en su caso particular, no había un nexo racional entre el hecho básico y el hecho presumido. Es decir, que no era razonable ni compatible con el sentido común que un juzgador de los hechos hiciera la conexión entre el hecho básico y el presumido. A esos efectos, y siempre que no sean la única base en que descansa la determinación de culpabilidad, basta que la presunción satisfaga el criterio de probabilidad. Como vimos, éste consiste en que la ocurrencia del hecho presumido sea más probable que la no ocurrencia. Pueblo v. Nieves Cabán, 2019TSPR033, (2019); 201 D.P.R. 853, (2019).

-Descubrimiento de prueba imposibilidad de producir prueba potencialmente exculpatoria y procedimientos para determinar si procede desestimación de la acusación por el Estado no proceder descubrir evidencia no disponible. En los casos en que el tribunal encuentre que las actuaciones del Estado son constitutivas de mala fe, conforme hemos definido en esta Opinión, procedería la desestimación. Mientras que en los casos en que el tribunal entienda que el Estado fue negligente, será de aplicación una presunción a favor del acusado, según se establece en la 301(c) de las Reglas de Evidencia. Por su parte, cuando el Ministerio Público pruebe que sus acciones no se deben a la negligencia o mala fe, entonces el TPI determinará que no ha habido violación al debido proceso de ley. <u>Pueblo v. Vélez Bonilla</u>, 2013 TSPR 121; 189 D.P.R. 705, (2013).

Anotaciones Anteriores de la Regla 13.
1. General

-Se ha señalado que las presunciones no son propiamente evidencia, sino reglas que controlan el modo de evaluar la evidencia. A tenor con la definición contenida en las Reglas de Evidencia, las presunciones regulan las inferencias que puede hacer el juzgador a partir de determinado hecho y el efecto que tiene sobre las partes de presentar prueba en contrario. <u>Pueblo v. Enrique Reyes Moran</u>, 123 D.P.R. 786, (1989)

Si en un juicio se presenta prueba sobre un hecho que se le denomina "hecho básico", las Reglas de Evidencia regulan las deducciones que debe o puede hacer el juzgador, el efecto que puede tener sobre las partes y su obligación de rebatir el hecho presumido. <u>Pueblo v. Enrique Reyes Moran</u>, 123 D.P.R. 786, (1989)

2. Inferencias

-Existe una diferencia entre inferencia y presunción; la primera es la deducción que hace el juzgador de un hecho probado sin que medie un mandato de ley; la segunda es la deducción de un hecho probado regulado por la ley. <u>Pueblo v. Enrique Reyes Moran</u>, 123 D.P.R. 786, (1989)

3. Presunciones -

-Una presunción es "una deducción de un hecho que la ley autoriza a hacer o requiere que se haga de otro hecho o grupo de hechos previamente establecido en la acción". Regla 13(A) de Evidencia, supra. La presunción se considera controvertible cuando la ley permite presentar evidencia para destruirla o rebatirla. Es decir, cuando la ley permite "demostrar la inexistencia del hecho". <u>Vincenti V. Saldaña Acha</u>, 2002TSPR066, (2002); 157 D.P.R. 37, (2002)

-La protección de la Ley de Madres Obreras se fundamenta en la presunción de que el despido de una mujer embarazada es injustificado. Para activar esta presunción es necesario establecer dos hechos básicos: (1) el despido y (2) el estado de embarazo al momento del despido. Al igual que la presunción de despido discriminatorio establecida en el Art. 3 de la Ley Núm. 100, esta presunción entra en juego en la etapa probatoria del caso; o sea, la presunción se activa en la vista evidenciaria que se celebre. Uno de los propósitos de la Ley de Madres Obreras es pues, facilitarle a la empleada el probar su caso. <u>Martínez Mora v. Acana</u>

Corporation 2002TSPR110, (2002); 157 D.P.R. 730, (2002), Opinión de Conformidad a la Sentencia.

-Las presunciones pueden ser controvertibles o incontrovertibles. Las controvertibles son aquellas que admiten prueba en contrario para refutar el hecho presumido; las incontrovertibles son aquellas que no permiten prueba en contrario. Las Reglas de Evidencia regulan las presunciones controvertibles. Regla 13 de Evidencia, 32 L.P.R.A. Ap. IV. Pueblo v. Enrique Reyes Moran, 123 D.P.R. 786, (1989)

La mayoría de los tratadistas distinguen en dos (2) categorías las presunciones incontrovertibles: aquellas que son verdaderamente presunciones incontrovertibles y aquellas que son normas de derecho sustantivo expresadas en un lenguaje de presunción y a las que algunos tratadistas llaman "presunciones conclusivas". Pueblo v. Enrique Reyes Moran, 123 D.P.R. 786, (1989)

Una presunción incontrovertible o conclusiva no regula las inferencias que deben o pueden hacerse a partir de un hecho básico. Dichas presunciones son normas de carácter sustantivo que encierran un mandato legislativo. Pueblo v. Enrique Reyes Moran, 123 D.P.R. 786, (1989)

Regla 302. Efecto de las presunciones en casos civiles (32 L.P.R.A. AP VI Regla 302)

En una acción civil, una presunción impone a la parte contra la cual se establece la presunción el peso de la prueba para demostrar la inexistencia del hecho presumido. Si la parte contra la cual se establece la presunción no ofrece evidencia para demostrar la inexistencia del hecho presumido, la juzgadora o el juzgador debe aceptar la existencia de tal hecho. Si se presenta evidencia en apoyo de la determinación de la inexistencia de tal hecho, la parte que interesa rebatir la presunción debe persuadir a quien juzga de que es más probable la inexistencia que la existencia del hecho presumido.

(Febrero 9, 2009, 2009TSPR035, Regla 302; Julio 30, 2009, Núm. 46, art. 1, efectiva el 1 de enero de 2010.)

Notas Importantes
Anotaciones Anteriores de la Regla 14

-"En las acciones de naturaleza civil, la parte contra la cual se establece la presunción tiene la obligación de ofrecer evidencia para demostrar ante el juzgador la inexistencia del hecho presumido. Si no ofrece evidencia, el juzgador entonces deberá aceptar la existencia del mismo.

… Así pues, una presunción es un mecanismo que provee la ley para relevar a la parte que la beneficia o favorece de presentar prueba para sostener un hecho y, cuando es controvertible, es decir, cuando la ley permite presentar evidencia para demostrar que el hecho presumido no existe, la parte contra la cual opera la presunción tiene el peso de la prueba en cuanto a destruir dicho hecho presumido. Si no logra destruirlo, el juzgador queda obligado a inferir el hecho presumido." Vincenti v. Saldaña Acha 2002TSPR066, (2002); 157 D.P.R. 37, (2002).

-La Regla 14 de Evidencia dispone cuál será el efecto de las presunciones en casos de naturaleza civil. Así, le impone a la parte contra la cual se establece la presunción el peso de la prueba para demostrar la inexistencia del hecho presumido. Es decir, esta regla dispone que la parte contra la cual se establece la presunción viene obligada a ofrecer evidencia so pena de que el juzgador acepte la existencia del hecho presumido. Pueblo v. Vázquez Méndez, 117 D.P.R. 170, 176, (1986). Nada añade a lo anterior la llamada doctrina o principio de *res ipsa loquitur*. Por tanto, queda claro que nuestro ordenamiento jurídico en materia de daños no precisa recurrir o hacer referencia a tal doctrina. Bacó v. Almacén Ramón Rosa Delgado, Inc. 2000TSPR111, (2000); 151 D.P.R. 111, (2000).

-La Regla 14 de Evidencia, 32 L.P.R.A. Ap. IV, dispone que si la parte afectada por una presunción no ofrece evidencia alguna para demostrar que el hecho presumido no ocurrió, el juzgador entonces debe aceptar la existencia del hecho presumido. Es a la parte afectada por una presunción a la que le corresponde el peso de la prueba para persuadir al juzgador de que es más probable la no existencia del hecho que la existencia del hecho presumido. Rivera Aguila v. K-Mart de Puerto Rico, 123 D.P.R. 599, (1989)

-De conformidad con la Regla 14 de Evidencia la parte contra la cual se establece una presunción viene obligada a ofrecer evidencia para refutar el hecho presumido, so pena de que el juzgador acepte la existencia del hecho presumido. Pueblo v. Vázquez Méndez, 117 D.P.R. 170, (1986)

-Cuando no hay un motivo racional que justifique el despido de un empleado público y se le sustituye por un empleado de diferente afiliación política, que resulta ser la misma afiliación de la autoridad nominadora, se crea una presunción de discrimen cuyo efecto está regulado por la Regla 14 de Evidencia, 32 L.P.R.A. Ap. IV. (Báez Cancel v. Alcalde Mun. de Guaynabo, 100:982, seguido.) Mccrillis v. Autoridad de Las Navieras De P.R., 123 D.P.R. 113, (1989)

-Efectos de presunciones v. *res ipsa loquitur* en los casos civiles

-"El Código Civil de Puerto Rico y las Reglas de Evidencia proveen soluciones a casos como el que tenemos ante nuestra consideración, sin necesidad de referirnos a la llamada doctrina res ipsa loquitur. Es por ello que cuando rehusamos referirnos a tal doctrina, no se crea un vacío, sino que sólo nos remitimos a nuestro derecho positivo, sin necesidad de importaciones judiciales que son innecesarias." Bacó v. Almacén Ramón Rosa Delgado, Inc. 2000TSPR111, (2000); 161 D.P.R. 711, (2000).

-"La Regla 14 de Evidencia dispone cuál será el efecto de las presunciones en casos de naturaleza civil. Así, le impone a la parte contra la cual se establece la presunción el peso de la prueba para demostrar la inexistencia del hecho presumido. Es decir, esta regla dispone que la parte contra la cual se establece la presunción viene obligada a ofrecer evidencia so pena de que el juzgador acepte la existencia del hecho presumido. Pueblo v. Vázquez Méndez, 117 D.P.R. 170, 176, (1986). Nada añade a lo anterior la llamada doctrina o principio de res ipsa loquitur. Por tanto, queda claro que nuestro ordenamiento jurídico en materia de daños no precisa recurrir o hacer referencia a tal doctrina. Tampoco hace falta importar otras teorías ajenas a nuestro derecho probatorio, en vista de que el alegado vacío que se pretende conjurar no existe." Bacó v. Almacén Ramón Rosa Delgado, Inc. 2000TSPR111, (2000); 161 D.P.R. 711, (2000).

-"Hemos resuelto que la doctrina res ipsa loquitur sólo se refiere a un simple mecanismo procesal, no sustantivo. Es decir, se trata de una inferencia permisible de negligencia que autoriza, pero no obliga, al juzgador a concluir que hubo negligencia. Ramos v. A.F.F., 86 D.P.R. 603 (1962). Esta doctrina, exclusiva de los casos de daños y perjuicios, no tiene el efecto de crear una presunción de negligencia. No es presunción –según se ha utilizado en nuestra jurisdicción- por cuanto el juzgador, aunque se haya establecido el hecho básico y el demandado no haya presentado prueba alguna para refutar dicho hecho, no está obligado a inferir la existencia de negligencia; y segundo, si se presenta prueba que refuta la inferencia de negligencia, el peso de la prueba permanece en el demandante." Bacó V. Almacén Ramón Rosa Delgado, Inc. 2000TSPR111, (2000); 161 D.P.R. 711, (2000).

-En esta jurisdicción el único efecto procesal de la aplicación de la doctrina de *res ipsa loquitur* es el de establecer una inferencia permisible--no una presunción mandatoria--a favor de la parte actora-- **teoría de la inferencia permisible.** Ramos v. A.F.F., 86 D.P.R. 603, (1962).

-La doctrina de *res ipsa loquitur* cuyo alcance es establecer una inferencia de negligencia--es de aplicación si concurren los siguientes requisitos: (**a**) el accidente debe ser de tal naturaleza que ordinariamente no ocurra en ausencia de negligencia de parte de alguna persona; (**b**) debe ser causado por una agencia o instrumento dentro del control exclusivo del demandado; y (**c**) no puede haber sucedido debido a acción voluntaria alguna o negligencia del demandante. (**Cintrón v. A. Roig Sucrs**. 74:1028, **seguido**.) Ramos v. A.F.F., 86 D.P.R. 603, (1962).

-La doctrina de *res ipsa loquitur* no es aplicable cuando de los hechos surge que hay alguna otra causa probable del accidente de la cual puede inferirse que no hubo negligencia; o si la prueba es compatible con la probabilidad de la ausencia de responsabilidad; o cuando los hechos dan lugar a dos inferencias en conflicto--una al efecto de que se ejercitó debido cuidado y otra de que hubo negligencia. (**Cintrón v. A. Roig Sucrs**. 74:1028, **seguido**.) Ramos v. A.F.F., 86 D.P.R. 603, (1962).

Regla 303. Efecto de las presunciones en casos criminales (32 L.P.R.A. AP VI Regla 303)

Cuando en una acción criminal la presunción perjudica a la persona acusada, tiene el efecto de permitir a la juzgadora o al juzgador inferir el hecho presumido si no se presenta evidencia alguna para refutarlo. Si de la prueba presentada surge duda razonable sobre el hecho presumido, la presunción queda derrotada. La presunción no tendrá efecto alguno de variar el peso de la prueba sobre los elementos del delito o de refutar una defensa de la persona acusada.

(A) Cuando beneficia a la persona acusada, la presunción tendrá el mismo efecto que lo establecido en la Regla 302.

(B) Instruir al Jurado sobre el efecto de una presunción contra la persona acusada, la Jueza o el Juez deberá hacer constar que:

(1) basta que la persona acusada produzca duda razonable sobre el hecho presumido para derrotar la presunción, y

(2) el Jurado no estará obligado a deducir el hecho presumido, aun cuando la persona acusada no produjera evidencia en contrario. Sin embargo, se instruirá al Jurado en cuanto a que puede deducir o inferir el hecho presumido si considera establecido el hecho básico.

(Febrero 9, 2009, 2009TSPR035, Regla 303; Julio 30, 2009, Núm. 46, art. 1, efectiva el 1 de enero de 2010.)

Notas Importantes
Anotaciones

-Las presunciones en procesos penales y en procesos civiles no se aplican de la misma forma. La Regla 303 de Evidencia, supra, regula las presunciones en procedimientos criminales. ... En los procesos penales el efecto de la presunción depende de si esta beneficia o perjudica al acusado. Una presunción que favorece al Ministerio Público y perjudica al acusado tiene que ser una presunción controvertible, permisiva y débil. Pueblo v. Nieves Cabán, 2019TSPR033, (2019); 201 D.P.R. 853, (2019).

-Es norma establecida que dicha presunción se activa con la mera inexistencia de una orden judicial previa. Así, pues, una vez se demuestra la inexistencia de la orden, la irrazonabilidad de la actuación es automática. En estos casos, el Ministerio Público debe rebatir la presunción de invalidez demostrando la existencia de alguna de las circunstancias excepcionales que justifican actuar sin una orden judicial previa. Pueblo v. Nieves Vives, 2013TSPR19; 188 D.P.R. 1, (2013)

-A tenor de lo anterior, al evaluar una solicitud de supresión de evidencia en la que se plantea que la confesión o evidencia obtenida fue a raíz de un arresto ilegal, el Ministerio Público viene obligado a demostrar la legalidad del arresto. Reiteradamente, esta Curia ha resuelto que la presunción de invalidez beneficia al acusado y obliga al Ministerio Público a presentar evidencia para demostrar la legalidad y razonabilidad de la actuación del Estado. Así, pues, recae sobre el Estado el peso de la prueba para demostrar que los hechos particulares del caso justificaban la intervención policial. Pueblo v. Nieves Vives, 2013 TSPR 19; 188 D.P.R. 1, (2013)

-El arresto realizado al peticionario fue ilegal y se adoptan los factores establecidos en Brown v. Illinois, 422 U.S. 590, (1975, para determinar la admisibilidad de una confesión realizada luego de un arresto ilegal y determinamos que la confesión realizada por el peticionario es inadmisible en evidencia. Pueblo v. Nieves Vives, 2013 TSPR 19; 188 D.P.R. 1, (2013)

Anotaciones Anteriores de la Regla 15.

-Siendo la ley en nuestra jurisdicción que una incautación sin orden judicial produce una **presunción** de invalidez, **Pueblo** v. **Lebrón,** ante, favoreciendo obviamente dicha presunción al acusado en un caso criminal, Regla 15 de Evidencia, **ante**; hay que acudir a lo dispuesto por la Regla 14, la que a su vez dispone que la parte contra la cual se establece la presunción--en este caso el Ministerio Fiscal--viene obligada a ofrecer evidencia so pena de que el juzgador acepte la existencia del hecho presumido, o sea, la irrazonabilidad de la incautación efectuada. Pueblo v. Vázquez Méndez 117 D.P.R. 170, (1986)

-En procedimientos de supresión de evidencia, una vez el acusado establece el hecho de que la evidencia objetada fue ocupada sin orden judicial previa de arresto o registro y allanamiento, le corresponde al Ministerio Público demostrar que el registro y la ocupación fue una intervención legal y razonable de los agentes del Estado. Establecido el hecho de la existencia de una orden de arresto o de registro y allanamiento previa a la ocupación de la evidencia, el peso de la prueba recae en el promovente de la moción de supresión de evidencia, es decir, el acusado. Pueblo v. Vázquez Méndez 117 D.P.R. 170, (1986)

-Si es constitucional o no la presunción que establece el Art. 14 de la Ley de Armas de Puerto Rico--en el sentido de que la presencia en un vehículo de cualquiera de las armas, instrumentos o accesorios especificados en los Arts. 4, 5, 6, 9 y 10 de dicha ley será evidencia prima facie de su posesión ilegal por todas las personas que se encuentren en dicho vehículo al momento en que se hallaren tales armas, instrumentos o accesorios-- **quaere.** Pueblo v. González Beniquez, 111 D.P.R.167, (1981)

-La presunción que establece el Art. 14 de la Ley de Armas de Puerto Rico--en el sentido de que la presencia en un vehículo de cualquiera de las armas, instrumentos o accesorios especificados en los Arts. 4, 5, 6, 9 y 10 de dicha ley será evidencia prima facie de su posesión ilegal por todas las personas que se encuentren en dicho vehículo al momento en que se hallaren tales armas, instrumentos o accesorios--no aplica a los casos vistos ante jurado por violación del Art. 8 de la Ley. PueblovV. González Beniquez, 111 D.P.R.167, (1981)

-En los casos vistos por tribunal de derecho el efecto de una presunción será determinado por el estatuto que la crea o, en su defecto, por la regla de evidencia correspondiente. Pueblo v. González Beniquez, 111 D.P.R.167, (1981)

Regla 304. Presunciones específicas (32 L.P.R.A. AP VI Regla 304)

Las presunciones son aquéllas establecidas por ley o por decisiones judiciales. Entre las presunciones controvertibles se reconocen las siguientes:

(1) Una persona es inocente de delito o falta.

(2) Todo acto ilegal fue cometido con intención ilegal.

(3) Toda persona intenta la consecuencia ordinaria de un acto cometido por ella voluntariamente.

(4) Toda persona cuida de sus propios asuntos con celo ordinario.

(5) Toda evidencia voluntariamente suprimida resultará adversa si se ofreciere.

(6) Todo dinero entregado por una persona a otra se debía a ésta.

(7) Toda cosa entregada por una persona a otra pertenecía a ésta.

(8) Una obligación entregada a quien es la parte deudora ha sido satisfecha.

(9) Las rentas o pagos anteriores fueron satisfechos, cuando se presentaren los recibos correspondientes a rentas o pagos posteriores.

(10) Las cosas que obran en poder de una persona son de su pertenencia.

(11) Una persona es dueña de una cosa, por ejercer actos de dominio sobre ella, o ser fama general que le pertenece.

(12) Una persona en cuyo poder obrare una orden a su cargo para el pago de dinero, o mandándole entregar una cosa, ha pagado el dinero o entregado la cosa de conformidad.

(13) Una persona en posesión de un cargo público, fue elegida o nombrada para dicho cargo, como es de rigor.

(14) Los deberes de un cargo han sido cumplidos con regularidad.

(15) Un Tribunal, una Jueza o un Juez, obrando como tal, bien en Puerto Rico, en cualquier estado de los Estados Unidos de América o país extranjero, se hallaba en el ejercicio legal de su jurisdicción.

(16) Un registro judicial, aunque no fuere concluyente, determina o expone con exactitud los derechos de las partes.

(17) Todas las materias comprendidas en una cuestión, fueron sometidas al Tribunal o Jurado y resueltas por cualquiera de éstos. De igual modo, que todas las materias comprendidas en una cuestión sometida a arbitraje fueron presentadas a los árbitros y resueltas por éstos o éstas.

(18) Las transacciones privadas fueron realizadas con rectitud y en forma correcta.

(19) Se ha seguido el curso ordinario de los negocios.

(20) Un pagaré o letra de cambio fue dado o endosado mediante suficiente compensación.

(21) El endoso de un pagaré o giro negociable, se hizo en la fecha y lugar en que fue extendido dicho pagaré o giro.

(22) Un escrito lleva fecha exacta.

(23) Una carta dirigida y cursada por correo debidamente, fue recibida en su oportunidad.

(24) Probado el nombre de una persona, se establece su identidad.

(25) El consentimiento resultó de la creencia de que la cosa consentida se ajustaba al derecho o al hecho.

(26) Las cosas han ocurrido de acuerdo con el proceso ordinario de la naturaleza y los hábitos regulares de la vida.

(27) Que las personas que se conducen como socios tienen celebrado un contrato social.

(28) Que un hombre y una mujer que se conducen como casados han celebrado un contrato legal de matrimonio.

(29) Las personas nacidas después de la celebración de un matrimonio son hijas o hijos del marido.

(30) Una vez probada la existencia de una cosa continúa ésta todo el tiempo que ordinariamente duran las cosas de igual naturaleza.

(31) La ley ha sido acatada.

(32) Un documento o escrito de más de veinte años, es auténtico cuando ha sido generalmente acatado como tal por personas interesadas en la cuestión y se ha explicado satisfactoriamente su custodia.

(33) Un libro impreso y publicado, que se dice haberlo sido por autoridad pública, fue impreso o publicado por tal autoridad.

(34) Un libro impreso y publicado, que se dice contener las minutas de los casos juzgados en el Estado o país en que fuere publicado, contiene las minutas exactas de dichos casos.

(35) El fideicomisario, la fideicomisaria u otra persona, cuyo deber fuere traspasar bienes raíces a determinada persona, ha hecho realmente el traspaso, cuando tal presunción fuere necesaria para ultimar el título de dicha persona o de la que es su sucesora en interés.

(36) El uso no interrumpido por parte del público, durante cinco años, de un terreno para cementerio, con el consentimiento del dueño y sin

que éste hubiere reservado sus derechos, constituye evidencia indirecta de su intención de dedicarlos al público para tal objeto.

(37) Al efectuarse un contrato escrito, medió la correspondiente compensación.

(38) Cuando dos personas perecieren en la misma calamidad, como un naufragio, una batalla o un incendio, y no se probare cuál de las dos murió primero, ni existieren circunstancias especiales de dónde inferirlo, se presume la supervivencia por las probabilidades resultantes de la fuerza y edad, de acuerdo con las siguientes reglas:

Primera: Si ambas personas perecidas fueren menores de quince años, se presume haber sobrevivido la de mayor edad.

Segunda: Si ambas tenían más de sesenta años, se presume haber sobrevivido la de menor edad.

Tercera: Si una era menor de quince años y la otra mayor de sesenta se presume haber sobrevivido la primera.

Cuarta: Si ambas tenían más de quince años y menos de sesenta se presume la supervivencia de la de más edad.

Quinta: Si una era menor de quince o mayor de sesenta, y otra de edad intermedia, se presume haber sobrevivido esta última.

(38) Un recibo de compra de bienes o pago por servicios es auténtico y refleja el justo valor de los bienes adquiridos de los proveedores o los servicios recibidos de parte de un proveedor.

(Febrero 9, 2009, 2009TSPR035, Regla 304; Julio 30, 2009, Núm. 46, art. 1, efectiva el 1 de enero de 2010.)

Notas Importantes
-Anotaciones
-Una presunción es una deducción de un hecho que la ley autoriza a hacer o requiere que se haga a partir de *otro hecho o grupo de hechos previamente establecidos*. A ese hecho o grupo de hechos previamente establecidos se les denomina hecho básico y al hecho deducido mediante la presunción, se le denomina hecho presumido. El debido proceso de ley exige que haya un vínculo racional entre el hecho básico y el hecho presumido, que, como indica el profesor Chiesa Aponte, puede surgir de la lógica, de la experiencia o de cierta política pública. En otras palabras, las presunciones no se activan solas: "Las reglas de inferencia se activan si el juzgador [o juzgadora] estima que *la evidencia ha establecido el*

hecho básico, al menos como lo más probable". <u>Rivera Figueroa v. The Fuller Brush</u>, 2011TSPR25, (2011); 180 D.P.R. 894, (2011)

- Para que un obrero demandante en un pleito al amparo de la Ley 80 pueda valerse de la presunción fuerte de que su despido fue injustificado, tiene que presentar prueba demostrativa de que, en efecto, fue despedido. En caso de que alegue un despido constructivo, el trabajador tiene que demostrar que las circunstancias de su renuncia cumplen con los requisitos que establece nuestro ordenamiento para esa conclusión. La presunción de despido injustificado que establece la Ley 80 no se activa hasta tanto logre persuadir al juzgador o juzgadora de ese hecho básico, entiéndase, de que su renuncia fue en realidad un despido tácito. <u>Rivera Figueroa v. The Fuller Brush</u>, 2011TSPR25, (2011); 180 D.P.R. 894, (2011)

Anotaciones Anteriores de la Regla 16.

-Reglas de Evidencia, Regla 16(5)- El derecho de la defensa a tener acceso a los testigos que el Ministerio Público decida no utilizar, no es un derecho absoluto. De ahí, que si el Ministerio Público no hace o puede hacer tal gestión, tendrá en su contra la presunción de la Regla 16(5) de Evidencia. <u>Pueblo v. Rivera Santiago</u>, 2009TSPR136, (2009); 176 D.P.R. 559, (2009)

-La presunción establecida por la Regla 16(24) de Evidencia, una declaración jurada del abogado de la peticionaria, a los efectos de que nunca recibió dicha notificación, no es suficiente para rebatir la presunción establecida por dicha disposición reglamentaria. <u>Rivera Gonzalez v. PR Retail Store</u>, 2008TSPR98, (2008); 173 D.P.R. 962, (2008), Resolución

-La adjudicación hecha por el juzgador de hechos está permeada por una presunción de regularidad y corrección, y de que el veredicto se sostiene a base de la prueba desfilada. Por ello, recae sobre el que sostiene lo contrario el peso de probar la irregularidad alegada y que la misma afectó sustancialmente el resultado obtenido. <u>Pueblo v. Echevarría Rodríguez</u>, 128 D.P.R. 299, (1991)

-Cuando una parte anuncia, en el Informe sobre Conferencia Preliminar entre Abogados, que presentará cierta prueba documental y luego no la ofrece en evidencia, se activará la presunción contenida en la Regal 16(5) de Evidencia, 32 L.P.R.A. Ap. IV, que indica que toda evidencia suprimida voluntariamente resultará adversa si se ofrece. <u>Rivera Aguila V. K-Mart de Puerto Rico</u>, 123 D.P.R. 599, (1989)

-Tal certificación está rodeada de la presunción que establece la Regla 16(14) de Evidencia a los fines de que "una persona en posesión de un cargo público, fue elegida o nombrada para dicho cargo, en debida forma". En Santa Aponte expresamos que las presunciones legales "están formuladas y revestidas de un claro interés público pues brindan eficacia a dos postulados constitucionales, a saber: la adecuada representación de electores del Distrito [Senatorial o Representativo en cuestión] y la composición y estabilidad inicial de la Rama Legislativa". Corujo Collazo v. Viera Martinez, 111 D.P.R. 552, (1981)

-Es norma general que toda persona contempla y es responsable de todas las consecuencias naturales de sus propios actos. Pueblo v. Lucret Quiñónez, 111 D.P.R. 716, (1981)

-La legalidad se presume; la desviación del cumplimiento de la ley tiene que ser probada. El ejercicio del derecho al voto goza de la presunción de legalidad y validez, y quien lo impugne tiene la carga de la prueba para destruir dicha presunción. P.P.D. V. Barreto Pérez, 111 D.P.R. 199, (1981)

-Un Tribunal deberá presumir que los deberes de un cargo ha sido cumplidos con regularidad y que la ley ha sido acatada. Pueblo v. Laboy, 110 D.P.R. 164, (1980).

Regla 305. Presunciones incompatibles (32 L.P.R.A. AP VI Regla 305)

En caso de surgir dos presunciones incompatibles no se aplicará ninguna de ellas y el hecho en controversia se resolverá a base de la prueba.

(Febrero 9, 2009, 2009TSPR035, Regla 305; Julio 30, 2009, Núm. 46, art. 1, efectiva el 1 de enero de 2010.)

Notas Importantes
Anotaciones Anteriores de la Regla 17.

-Para obtener la declaración de nulidad de un matrimonio bajo la alegación de que cuando éste fué celebrado uno de los cónyuges estaba incapacitado para contraerlo por razón de previo vínculo, no sólo precisa que se establezca que el anterior matrimonio fué celebrado si que también que dicho matrimonio, a la fecha de la celebración del segundo, subsistía legalmente por no haber terminado por muerte del otro cónyuge o por sentencia de divorcio o nulidad. Prueba de que el primer matrimonio se contrajo no basta por sí sola para anular el o los subsiguientes matrimonios si no se demuestra que aquél subsistía a la fecha de la celebración de éstos. Cruz Quiñones v. Ramos, 70 D.P.R. 715, (1949)

CAPÍTULO IV: ADMISIBILIDAD Y PERTINENCIA

Regla 401. Definición de evidencia pertinente (32 L.P.R.A. AP VI Regla 401)

Evidencia pertinente es aquélla que tiende a hacer la existencia de un hecho, que tiene consecuencias para la adjudicación de la acción, más probable o menos probable de lo que sería sin tal evidencia. Esto incluye la evidencia que sirva para impugnar o sostener la credibilidad de una persona testigo o declarante.

(Febrero 9, 2009, 2009TSPR035, Regla 401; Julio 30, 2009, Núm. 46, art. 1, efectiva el 1 de enero de 2010.)

Notas Importantes
Anotaciones

-Pertinencia- Con relación al segundo parámetro [pertinencia] a determinar, tampoco existe duda en torno a que el referido vídeo hubiera constituido evidencia pertinente al caso. Como menciona el foro de instancia en su resolución, el vídeo constituía "una grabación tomada por las cámaras de seguridad del garaje JJG Service Station que grabaron visuales de lo ocurrido". Es claro que ese vídeo constituía evidencia que hubiera cumplido con los parámetros de la Regla 401 de las Reglas de Evidencia. Pueblo v. Vélez Bonilla, 2013TSPR121, (2013); 189 D.P.R. 705, (2013).

Anotaciones Anteriores de la Regla 18.
1. General

-Hoy día se reconoce que la información poseída por cada parte no es de su exclusiva propiedad, de modo que a través de los distintos mecanismos de descubrimiento de prueba pueda lograrse limitar las cuestiones a dilucidarse y circunscribir la presentación de evidencia durante el juicio a aquellas en controversia u obtener evidencia adicional, o información que sirva de pista para encontrarla. García v. Enríquez Marín 2001TSPR012, (2001); 153 D.P.R. 323, (2001).

-En relación con el criterio de pertinencia, hemos expresado que éste es mucho más amplio bajo la Regla 23.1 de las de Procedimiento Civil, supra, que bajo la Regla 18 de Evidencia, que regula la admisión de evidencia en un proceso judicial. De conformidad con lo anterior, se admite el descubrimiento de todos los asuntos que puedan tener cualquier relación posible con la materia que es objeto del litigio, aunque no estén relacionados con las controversias específicas que han sido esbozadas por las alegaciones. Basta que exista una posibilidad razonable de relación con el asunto en controversia. <u>García v. Enríquez Marín</u> 2001TSPR012, (2001); 153 D.P.R. 323, (2001).

2. Valor probatorio--pertinencia.

-Los conceptos de **valor probatorio** y **pertinencia,** en el lenguaje forense, han sido utilizados indistintamente. Sin embargo, existe una diferencia. "Evidencia pertinente" es aquella tendente a hacer la existencia de un hecho más probable de lo que sería sin tal evidencia (Regla 18(b) de Evidencia, 32 L.P.R.A. Ap. IV); **valor probatorio ,** por otra parte, mide la intensidad y fuerza de esa tendencia. <u>Pueblo v. Ortiz Pérez</u>, 123 D.P.R. 216, (1989)

-Si la evidencia no fuera pertinente, primera condición a la admisibilidad de acuerdo con la definición que ofrece la Regla 18 de Evidencia, 32 L.P.R.A. Ap. IV, entonces ésta sería inadmisible, cause o no perjuicio. <u>Pueblo v. Ortiz Pérez</u>, 123 D.P.R. 216, (1989)

Regla 402. Relación entre pertinencia y admisibilidad (32 L.P.R.A. AP VI Regla 402)

La evidencia pertinente es admisible excepto cuando se disponga lo contrario por imperativo constitucional, por disposición de ley o por estas Reglas. La evidencia no pertinente es inadmisible.

(Febrero 9, 2009, 2009TSPR035, Regla 402; Julio 30, 2009, Núm. 46, art. 1, efectiva el 1 de enero de 2010.)

Regla 403. Evidencia pertinente excluida por fundamentos de perjuicio, confusión o pérdida de tiempo (32 L.P.R.A. AP VI Regla 403)

Evidencia pertinente puede ser excluida cuando su valor probatorio queda sustancialmente superado por cualesquiera de estos factores:

(a) riesgo de causar perjuicio indebido

(b) riesgo de causar confusión

(c) riesgo de causar desorientación del Jurado

(d) dilación indebida de los procedimientos

(e) innecesaria presentación de prueba acumulativa.

(Febrero 9, 2009, 2009TSPR035, Regla 403; Julio 30, 2009, Núm. 46, art. 1, efectiva el 1 de enero de 2010.)

Notas Importantes
Anotaciones

-Como norma general, la evidencia pertinente es admisible. Ahora bien, alguna evidencia pertinente se puede excluir cuando aplique alguna de las reglas de exclusión reconocidas en nuestro ordenamiento o por virtud de la Regla 403 de Evidencia. Izagas Santos v. Family Drug Center, supra. Esta Regla dispone que los tribunales tienen discreción para excluir prueba pertinente, a pesar de la ausencia de una regla de exclusión, si su valor probatorio queda sustancialmente superado por un: (a) riesgo de causar perjuicio indebido; (b) riesgo de causar confusión; (c) riesgo de causar desorientación del Jurado; (d) dilación indebida de los procedimientos, e (e) innecesaria presentación de prueba acumulativa. Regla 403 de Evidencia, 32 LPRA Ap. VI. Pueblo v. Santiago Irizarry, 2017TSPR73, (2017); 198 D.P.R. 35, (2017).

-Como entendemos que la evidencia en cuestión era pertinente y que no aplicaba ninguna regla de exclusión ni la Regla 403 de Evidencia, no cabe hablar de error no perjudicial porque no se cometió error alguno. Pueblo v. Santiago Irizarry, 2017TSPR73, (2017) ; 198 D.P.R. 35, (2017).

Anotaciones Anteriores de la Regla 19
1. General

-A la hora de decidir sobre la admisibilidad de prueba científica bajo los parámetros establecidos en la Regla 19, *supra*, el tribunal debe tomar en cuenta el **valor probatorio** de la prueba científica en controversia, para lo cual es necesario estimar su grado de certeza y confiabilidad, conforme a lo dispuesto en la Regla 82(B). Pueblo v. Montalvo Petrovich, 2009TSPR66,(2009); 175 D.P.R. 932, (2009)

-El resultado de una prueba de aliento para detectar el nivel de alcohol en la sangre de una persona sospechosa de conducir en estado de embriaguez no es admisible como evidencia, cuando no se haya cumplido con el requisito reglamentario de observar al detenido por 20 minutos antes de realizarle la misma. Pueblo v. Montalvo Petrovich, 2009TSPR66, (2009); 175 D.P.R. 932, (2009)

-Esta Regla dispone que la evidencia pertinente puede ser excluida cuando su valor probatorio es de poca significación en relación con cualesquiera de estos factores: (**a**) peligro de causar perjuicio indebido; (**b**) probabilidad de confusión; (**c**) desorientación del Jurado; (**d**) dilación en los procedimientos, y (**e**) innecesaria presentación de prueba acumulativa. Pueblo v. Ortiz Pérez, 123 D.P.R. 216, (1989)

-Esta Regla opera para excluir prueba que resulta, de alguna forma, pertinente. Si la evidencia no fuera pertinente, primera condición a la admisibilidad de acuerdo con la definición que ofrece la Regla 18 de

Evidencia, 32 L.P.R.A. Ap. IV, entonces ésta sería inadmisible, cause o no perjuicio. Pueblo v. Ortiz Pérez, 123 D.P.R. 216, (1989)

-El factor "perjuicio indebido" es el más invocado de la Regla 19 de Evidencia, 32 L.P.R.A. Ap. IV. Toda prueba es "perjudicial" en la medida que favorece a una parte y perjudica a otra, pero este no es el tipo de perjuicio al que se refiere esta regla. En términos generales, se trata de prueba que puede conducir a un resultado erróneo, al apelar meramente --y aunque no únicamente--a los sentimientos y a la emoción. Pueblo v. Ortiz Pérez, 123 D.P.R. 216, (1989)

-En la litigación, particularmente en la criminal, en ocasiones es preciso recrear ante los ojos del Jurado situaciones desagradables que deben ser legítimamente objeto de prueba. No toda evidencia que pueda conmover el ánimo del Jurado constituye materia a ser excluida. Pueblo v. Ortiz Pérez, 123 D.P.R. 216, (1989)

-Los factores "probabilidad de confusión", "desorientación del jurado", "dilación de los procedimientos" e "innecesaria presentación de prueba acumulativa" mencionados en la Regla 19 de Evidencia, 32 L.P.R.A. Ap. IV, tienden a converger. La prueba que confunde igualmente desorienta al Jurado, así como ocasiona dilación en los procedimientos. La confusión y la desorientación se refieren al peligro de que el Jurado infiera un hecho que no se deriva lógicamente de la prueba. Por otro lado, la dilación e innecesaria presentación de prueba acumulativa atiende primordialmente a consideraciones de eficiencia en la administración de la justicia. A menudo, el valor probatorio de una evidencia no justifica el tiempo que consumirá su presentación. Pueblo v. Ortiz Pérez, 123 D.P.R. 216, (1989)

-Esta Regla cumple una función clave dentro del sistema probatorio. Los comentaristas se han referido a ella con calificativos tales como **the cornerstone** y **keystone of the arch** . La justificación de su existencia es clara: unas reglas de evidencia orientadas a la admisibilidad, que eliminan gran parte de las antiguas reglas de exclusión y que endosan una definición tan liberal de pertinencia, necesitan un mecanismo que permita a un juez tener un control de la evidencia que es técnicamente admisible. Pueblo v. Ortiz Pérez, 123 D.P.R. 216, (1989)

-Son admisibles en evidencia en un caso criminal, fotografías para demostrar el sitio donde se encontró el cadáver de un interfecto, el número de heridas y gravedad de las mismas, para corroborar el testimonio de un testigo y para cualquier otro propósito legítimo de la acusación, mas las mismas deben ser excluidas cuando se hayan ofrecido con el propósito primordial de crear pasión y prejuicio en el ánimo del jurado. Pueblo v. González Colón, 110 D.P.R. 812, (1981)

2. Prueba acumulativa.

-Las actuales Reglas de Evidencia (1979) no definen el concepto de **prueba acumulativa.** Sin embargo, la Regla 19(e) alude a la misma, como susceptible de ser--aun cuando sea prueba pertinente--válidamente excluida. El Art. 378 del derogado Código de Enjuiciamiento Civil, definía adecuadamente **evidencia acumulativa** como "la adicional del mismo carácter tendiente al mismo fin". Pueblo v. Acabá Raices, 118 D.P.R. 369, (1987)

Anotaciones Anteriores de la Regla 22.

-La carta de 14 de abril de 2005 enviada por Integrand a Carpets & Rugs no es inadmisible por razón de la Regla 22 de Evidencia, pues no constituye una oferta de transacción excluible bajo dicha Regla. La comunicación la realizó Integrand, no voluntariamente en un proceso de negociación conducente al contrato de transacción, sino como parte de su obligación bajo el Código de Seguros de resolver de forma final una reclamación de un asegurado en el término máximo de noventa (90) días. Carpets & Rugs v. Tropical Reps, 2009TSPR36, (2009); 175 D.P.R. 615, (2009).

-"La Regla 22 de las de Evidencia, supra, establece varias situaciones en las que, debido a consideraciones extrínsecas a la búsqueda de la verdad, se excluye evidencia a pesar de su pertinencia. Ello, como excepción al principio general que rige nuestro ordenamiento evidenciario de que toda prueba pertinente debe resultar admisible. Con estas exclusiones se pretende fomentar ciertas actuaciones en beneficio del interés público. El inciso (A) la Regla 22 excluye prueba sobre reparaciones o precauciones posteriores a un evento, que se pretendan presentar para establecer conducta negligente o culposa respecto a la ocurrencia del mismo." Pérez Rosado v. El Vocero, 1999TSPR154, (19990); 149 D.P.R. 427, (1999).

-De esta "Regla 22(A) se desprende claramente que deben cumplirse cuatro requisitos para que determinada evidencia resulte inadmisible al amparo de dicha disposición. A saber, (i) que la evidencia se refiera a medidas de reparación o precaución; (ii) que dichas medidas se hayan tomado con posterioridad con el evento en controversia; (iii) que dicha evidencia se presente con el propósito de probar culpa o negligencia en relación al evento y (iv) que se trate de medidas que, de haber sido tomadas con anterioridad al evento, hubieran tendido a hacer menos probable su ocurrencia." Pérez Rosado v. El Vocero, 1999TSPR154, (1999); 149 D.P.R. 427, (1999).

Regla 404. Evidencia de carácter no es admisible para probar conducta; excepciones; evidencia sobre la comisión de otros delitos (32 L.P.R.A. AP VI Regla 404)

(A) Evidencia del carácter de una persona o de un rasgo de su carácter, no es admisible cuando se ofrece para probar que en una ocasión específica la persona actuó de conformidad con tal carácter, excepto cuando se trate de:

(1) Evidencia de un rasgo pertinente de carácter ofrecido por la defensa, sobre el carácter de la persona acusada.

(2) Evidencia de un rasgo pertinente de carácter ofrecido por la defensa, sobre el carácter de la víctima, sujeto a lo dispuesto en la Regla 412.

(3) Evidencia ofrecida por el Ministerio Público, sobre el mismo rasgo pertinente de carácter de la persona acusada, para refutar la prueba de carácter presentada por la defensa bajo la Cláusula (1) o la Cláusula (2) de este inciso.

(4) Evidencia de un rasgo pertinente de carácter ofrecido por el Ministerio Público, sobre el carácter de la víctima, para refutar la prueba de carácter presentada por la defensa bajo la cláusula (2) de este inciso.

(5) Evidencia de un rasgo pertinente de carácter ofrecido por el Ministerio Público, en casos de asesinato u homicidio, sobre el carácter tranquilo o pacífico de la víctima, para refutar prueba de defensa de que la víctima fue quien agredió primero.

(B) Evidencia de conducta específica, incluyendo la comisión de otros delitos, daño civil u otros actos, no es admisible para probar la propensión a incurrir en ese tipo de conducta y con el propósito de inferir que se actuó de conformidad con tal propensión. Sin embargo, evidencia de tal conducta es admisible si es pertinente para otros propósitos, tales como prueba de motivo, oportunidad, intención, preparación, plan, conocimiento, identidad, ausencia de error o accidente o para establecer o refutar una defensa.

Si la persona acusada lo solicita, el Ministerio Público deberá notificarle la naturaleza general de toda prueba que el Ministerio Público se proponga presentar bajo este inciso (B). La notificación deberá proveerse con suficiente antelación al juicio, pero el Tribunal podrá permitir que la notificación se haga durante el juicio si el

Ministerio Público demuestra justa causa para no haber provisto la información antes del juicio.

(C) La admisibilidad de evidencia ofrecida para sostener o impugnar la credibilidad de una persona testigo se regula según lo codificado en las Reglas 608 ó 609.

(Febrero 9, 2009, 2009TSPR035, Regla 404; Julio 30, 2009, Núm. 46, art.1, enmienda la Regla 404(A)(3) para reestablecer el texto propuesto por las Reglas de Evidencia según presentadas por el Tribunal Supremo de Puerto Rico, efectiva el 1 de enero de 2010.)

Notas Importantes
Anotaciones
-Es claro que evidencia admisible de conducta específica **no** se limita, según el texto de la Regla 404(b) de Evidencia, *supra*, a actos que hayan producido una convicción criminal. Pueblo v. Serrano Morales, 2018TSPR193, (2018); 201 D.P.R. 454, (2018).

-Es admisible prueba de conducta específica sobre actos criminales en otro caso, de los cuales el acusado resultó absuelto en los méritos, para los fines excepcionales reconocidos por la regla. Pueblo v. Serrano Morales, 2018TSPR193, (2018); 201 D.P.R. 454, (2018).

-La salvaguarda o protección en favor del acusado que establece la Regla 404(b) de Evidencia, *supra*, no se relaciona con el **tipo de acto,** sino con el **propósito** para el cual el Estado pretende presentarlo. Así, al aludir a "comisión de otros delitos", la regla no está estableciendo un requisito con el que tiene que cumplir el Estado si pretende presentar determinado acto o conducta específica. Por el contrario, la regla lo que hace es abrir la oportunidad al Estado, en contra de los intereses del acusado, de que se pueda presentar en su contra actos específicos, aunque sean convicciones previas. Esto, siempre y cuando tal prueba sea pertinente a los propósitos que como excepción establece la propia Regla, y que el valor probatorio del acto o conducta específica que se pretende presentar como evidencia supere o sobrepase cualquier otro efecto perjudicial. De cumplirse con lo anterior, la conducta específica, aun cuando sea una convicción anterior es admisible y no aplica la doctrina de impedimento colateral de la Cláusula de Doble Exposición. Pueblo v. Serrano Morales, 2018TSPR193, (2018); 201 D.P.R. 454, (2018).

Anotaciones Anteriores de la Regla 20
-Cuándo es Admisible -**Se** establece que es admisible prueba de conducta, incluso de la comisión de otros delitos y actos torticeros, para

establecer o refutar una defensa. Pueblo v. Martínez Solís, 128 D.P.R. 135, (1991)

La norma general que gobierna la admisión o exclusión de prueba de carácter dispone que evidencia del carácter de una persona, o de un rasgo de su carácter, no es admisible cuando se ofrece para probar que en cierta ocasión específica la persona actuó en conformidad con tal carácter. Regla 20(A) de Evidencia, 32 L.P.R.A. Ap. IV. Pueblo v. Martínez Solís, 128 D.P.R. 135, (1991)

-No obstante la norma que prohíbe utilizar prueba de carácter para probar que en una ocasión específica se actuó conforme a tal carácter, dicha prueba se permite cuando el acusado abre la puerta de su carácter. Pueblo v. Fradera Olmo, 122:67. La Regla 20 (A)(3) de Evidencia, 32 L.P.R.A. Ap. IV, la permite si en una acción penal la evidencia es sobre el carácter de la víctima o rasgo de éste y es ofrecida por el acusado para probar la conducta de la víctima conforme a dicho carácter o rasgo, todo ello sujeto a lo dispuesto en el inciso (E) de dicha regla. También, el inciso (4) de la Regla 20(A) de Evidencia, 32 L.P.R.A. Ap. IV, admite la ofrecida por el fiscal para refutar evidencia aludida por el acusado bajo su subinciso (3). Por último, en el subinciso (5) se acepta evidencia ofrecida por el fiscal en relación con el carácter tranquilo de la víctima en casos de asesinato u homicidio para rebatir evidencia de que la víctima fue el primer agresor. Dichas excepciones le brindan mayor oportunidad al acusado para probar su inocencia y tienen su razón de ser en lo sensitivo de los derechos fundamentales que están en juego. Pueblo v. Martínez Solís, 128 DPR 135 (1991)

-Las excepciones a la norma general de exclusión de prueba de carácter deben cumplir con lo dispuesto en la Regla 20(C) de Evidencia, 32 L.P.R.A. Ap. IV, que se expone en la opinión. Pueblo v. Martínez Solís, 128 D.P.R. 135, (1991)

-La prueba de actos específicos de la víctima ofrecida por el acusado para probar legítima defensa era admisible en dos (2) situaciones: (1) cuando está en controversia la cuestión de si la agresión partió del acusado o de la víctima, y (2) cuando el acusado trata de probar que al dar muerte a la víctima tenía motivo real o aparente para creer -- considerando el carácter peligroso de la víctima-- que al ser atacado por ésta se hallaba en inminente peligro de perder la vida o de recibir grave daño corporal. Pueblo v. Cruz, 65:172. A la interrogante de si luego de las nuevas Reglas de Evidencia esta doctrina ha sido revocada, quaere. Cabe señalar que esta doctrina no ha sido modificada, revocada o ampliada desde que se enunció en 1945. (Pueblo v. Velázquez Caraballo, 110:369, seguido.) Pueblo v. Martínez Solís, 128 D.P.R. 135, (1991)

-El enfoque teórico de la Regla 20 de Evidencia, 32 L.P.R.A. Ap. IV, es una combinación de las Reglas federales 404-406 de Evidencia, 28 U.S.C. Específicamente, la Regla 404(a)(2) permite a un acusado presentar prueba del carácter de la víctima y la 405(a) pauta la forma en que ésta debe presentarse. En esencia, ambas normas son equivalentes a nuestras Reglas 20(A)(3) y 20(C) de Evidencia, 32 L.P.R.A. Ap. IV. Pueblo v. Martínez Solís, 128 D.P.R. 135, (1991)

-La norma que prohíbe presentar evidencia de carácter para probar conducta de forma circunstancial no es aplicable si dicha evidencia se ofrece con un propósito distinto, como sería probar intención, motivo, oportunidad, plan, conocimiento, etc., o cae bajo alguna de las excepciones provistas por la Regla federal 404(b) de Evidencia, 28 U.S.C. En tal caso, sería admisible prueba de carácter de la víctima, del acusado --bajo ciertas circunstancias-- o prueba de carácter para impugnar testigos. Pueblo v. Martínez Solís, 128 D.P.R. 135, (1991)

-La norma general de exclusión dispuesta en la Regla 20 de Evidencia, 32 L.P.R.A. Ap. IV, encuentra apoyo en el consenso generalizado de que este tipo de prueba engendra los peligros siguientes: que el Jurado le adscriba un peso mayor del que realmente merece, que le desvíe su atención de los elementos centrales del caso o que alargue innecesariamente un proceso. Pueblo v. Martínez Solís, 128 D.P.R. 135, (1991)

-La admisión de prueba de carácter depende de tres (3) criterios, a saber: el propósito para el cual se presenta; la modalidad bajo la cual se ofrece, y el tipo de procedimiento. Pueblo v. Martínez Solís, 128 D.P.R. 135, (1991)

-Cuando bajo alguna de las excepciones de la admisibilidad de prueba se permite prueba de carácter, primero hay que determinar si se está ofreciendo como prueba directa o circunstancial. Pueblo v. Martínez Solís, 128 D.P.R. 135, (1991)

-El uso de carácter como prueba directa procede únicamente cuando el carácter o un rasgo de éste es elemento esencial de una acusación, reclamación o defensa. Regla 20(C) de Evidencia, 32 L.P.R.A. Ap. IV. Las circunstancias bajo las cuales se permite como prueba directa son escasas. Pueblo v. Martínez Solís, 128 D.P.R. 135, (1991)

-El uso de prueba de carácter es mayormente de naturaleza circunstancial. Esto es, el juzgador deberá primero inferir de la evidencia la existencia de los aspectos relevantes del carácter, y de esto entonces podrá inferir que la persona actuó de forma compatible con ese carácter. Este tipo de inferencia se permite solamente en casos criminales ya que, en ausencia de prueba directa, el uso de prueba sobre carácter como prueba circunstancial puede ser la única forma en que el acusado pueda probar su teoría de defensa. Pueblo v. Martínez Solís, 128 D.P.R..135, (1991)

-La Regla 20(A)(3) de Evidencia, 32 L.P.R.A. Ap. IV, permite prueba de carácter de la víctima para utilizarse en la defensa de un acusado. En delitos como asesinato, homicidio, mutilación o cualquier delito de agresión, la defensa puede presentar evidencia del carácter agresivo o violento de la víctima --para establecer, por ejemplo, una legítima defensa-- aunque el Ministerio Público no haya presentado prueba de que el acusado fue el primer agresor. Cabe señalar que esta prueba de carácter se considera potencialmente peligrosa. Pueblo v. Martínez Solís, 128 D.P.R. 135, (1991)

-Al ofrecerse prueba de carácter, ésta será evaluada y considerada como prueba directa o circunstancial, según sea el propósito con que se ofrezca. Cuando lo que se busca es que el juzgador infiera que el día de los hechos el acusado o la víctima actuó conforme a su carácter, dicha prueba es de naturaleza circunstancial y, como tal, se debe tratar. Regla 20(A)(3) de Evidencia, 32 L.P.R.A. Ap. IV. Pueblo v. Martínez Solís, 128 D.P.R. 135, (1991)

-Forma de Presentación- -Bajo la Regla 20(C) de Evidencia, 32 L.P.R.A. Ap. IV, la prueba de carácter se circunscribe a testimonios de opinión, de reputación y de actos específicos. Pueblo v. Martínez Solís, 128 D.P.R. 135, (1991)

-Si un certificado negativo de antecedentes penales expedido por la Policía de Puerto Rico es admisible como prueba de carácter, **quaere**. Pueblo v. Franceschini Saez, 110 D.P.R. 794, (1981)

-Prueba sobre la peligrosidad d ela víctima es admisible cuando está en controversia de dónde provino la agresión, si de parte del acusado o de parte de la víctima. Pueblo v. Velásquez Caraballo, 110 D.P.R. 369, (1980).

-Cuándo es Inadmisible. -La directriz general en la Regla 20 de Evidencia, 32 L.P.R.A. Ap. IV, igual a la Regla federal 404(a) de Evidencia, 28 U.S.C., establece que, excepto bajo ciertas excepciones importantes, evidencia de carácter de una persona o rasgo de ésta no debe ser aceptada si su pertinencia es sólo para probar que una persona actuó en algún momento conforme a tal carácter; i.e., evidencia de carácter no puede presentarse para probar una conducta de forma circunstancial. Pueblo v. Martínez Solís, 128 D.P.R. 135, (1991)

-Constituye un gran fracaso de la justicia el que se condene a una persona por hechos distintos de aquellos por los que se le está juzgando. En tales circunstancias el tribunal apelativo puede considerar el error de haberse admitido prueba de tales hechos, independientemente de que hubiese mediado oportunamente una objeción. Pueblo v. Carrión Rivera , 111 D.P.R. 825, (1981)

-No es admisible, como norma general expuesta en la Regla 20 de Evidencia, la prueba sobre el carácter de una persona cuando, como en este caso, se ofrece para probar que en una ocasión anterior específica la persona actuó de conformidad con tal carácter. Pueblo v. Carrión Rivera , 111 D.P.R. 825, (1981)

-Como una de las excepciones a la norma general de inadmisibilidad de evidencia de carácter—Regla 20 de Evidencia--se reconoce el derecho absoluto del acusado a presentar evidencia de su carácter para probar que ante los hechos del caso por los que se le juzga él actuó de conformidad con tal carácter. Pueblo v. Carrión Rivera , 111 D.P.R. 825, (1981)

-Como una de las excepciones a la norma general de inadmisibilidad de evidencia de carácter—Regla 20 de Evidencia--se permite al fiscal presentar prueba del mal carácter del acusado únicamente si el acusado ha presentado antes prueba de su buen carácter. Pueblo v. Carrión Rivera , 111 D.P.R. 825, (1981)

-Le está prohibido al fiscal presentar prueba del mal carácter de un acusado hasta tanto éste haya presentado prueba de su buen carácter. Pueblo v. Carrión Rivera , 111 D.P.R. 825, (1981)

-Actos Específicos. -De los tres (3) medios de prueba --testimonios de opinión, de reputación y de actos específicos-- se dice que el uso de actos específicos es el que potencialmente engendra mayores peligros en cuanto a perjuicios y confusión se refiere. Las Reglas de Evidencia limitan el uso de prueba de actos específicos a aquellos casos en que el carácter está en controversia, es un elemento esencial o es traído mediante el contrainterrogatorio de un testigo que declaró sobre la reputación u opinión del carácter del acusado o la víctima. Esta norma disminuye el riesgo de que el juzgador llegue a una conclusión impresionado por la conducta pasada del acusado o de la víctima, en vez de por lo sucedido el día de los hechos. Pueblo v. Martínez Solís, 128 D.P.R. 135, (1991)

-Como regla general, la evidencia del carácter de una persona o de un rasgo de su carácter no es admisible cuando se ofrece para probar que en una ocasión específica esa persona actuó de conformidad con tal carácter. Regla 20(A) de Evidencia, 32 L.P.R.A. Ap. IV. <u>Pueblo v. Fradera Olmo</u>, 122 D.P.R. 067, (1988)

-Cuando el abogado de la defensa presenta prueba de cierto carácter del acusado para probar conducta específica de conformidad con una ocasión anterior, actuación que le está permitida por la Regla 20(A)(1) de Evidencia, 32 L.P.R.A. Ap. IV, "abre la puerta" del carácter del acusado al fiscal. Este puede entonces refutar la evidencia de carácter presentada por la defensa y podrá contrainterrogarlo sobre conducta específica pertinente. <u>Pueblo v. Fradera Olmo</u>, 122 D.P.R. 067, (1988)

-En un proceso donde está envuelta la libertad de un ser humano y donde dicha libertad depende de la credibilidad que le pueda merecer al juzgador de los hechos la declaración de uno o de varios testigos, información como la permitida por las Reglas 20 y 46 de las Reglas de Evidencia, resulta sumamente pertinente y material. El que la defensa de un imputado de delito cuente o no con esa información definitivamente tendrá un impacto determinante en la calidad y efectividad del interrogatorio a que sean sometidos esos testigos y, por ende, en si la asistencia de abogado es o no adecuada. <u>Pueblo v. Morales Rivera</u>, 118 D.P.R. 155, (1986)

-El que los certificados de antecedentes penales de los testigos o víctimas de un delito sean "potencialmente útiles" para el acusado en un caso, no significa ni quiere decir que ese imputado de delito, por la mera posibilidad o expectativa de que pueda surgir de un certificado información provechosa, tenga derecho a un descubrimiento indiscriminado, o en forma de expedición de pesca, relativo a todos y cada uno de los testigos de cargo que aparezcan al dorso de una acusación. <u>Pueblo v. Morales Rivera</u>, 118 D.P.R. 155, (1986)

Regla 405. Modos de probar el carácter (32 L.P.R.A. AP VI Regla 405)

(A) Reputación u opinión

Cuando evidencia de carácter sea admisible bajo la Regla 404, se podrá presentar sólo en forma de testimonio de reputación o de opinión sobre el rasgo de carácter pertinente, sin perjuicio de que en el contrainterrogatorio pueda preguntarse a la persona testigo sobre actos específicos de conducta pertinentes a su testimonio.

(B) Conducta específica

Cuando el carácter o rasgo de carácter de una persona sea un elemento esencial de una acusación, reclamación o defensa, podrá ser admitida evidencia de carácter no sólo en forma de testimonio de reputación o de opinión, sino también en forma de actos específicos de conducta.

(Febrero 9, 2009, 2009TSPR035, Regla 405; Julio 30, 2009, Núm. 46, art. 1, efectiva el 1 de enero de 2010.)

Regla 406. Hábito o práctica rutinaria (32 L.P.R.A. AP VI Regla 406)

(A) Evidencia de hábito de una persona o la práctica rutinaria de una organización es admisible para probar que la conducta de esa persona u organización en una ocasión particular fue de conformidad al hábito o práctica rutinaria.

(B) Método de prueba

El hábito o la práctica rutinaria podrá probarse mediante testimonio en forma de una opinión o mediante un número suficiente de actos específicos de conducta para justificar la determinación de que el hábito existía o de que la práctica era rutinaria.

(Febrero 9, 2009, 2009TSPR035, Regla 406; Julio 30, 2009, Núm. 46, art. 1, efectiva el 1 de enero de 2010.)

Regla 407. Reparaciones o precauciones posteriores (32 L.P.R.A. AP VI Regla 407)

Evidencia de medidas de reparación o precauciones efectuadas después de la ocurrencia de un evento, las cuales de haber sido efectuadas anteriormente, hubieran tendido a hacer menos probable su ocurrencia, será inadmisible para probar negligencia o conducta culpable en relación con el evento. Esto no impide que tal evidencia sea admisible a otros fines pertinentes, tales como establecer la titularidad o control sobre una cosa, la viabilidad de tomar medidas de precaución si la parte adversa ha puesto este hecho en controversia, o para fines de impugnación.

(Febrero 9, 2009, 2009TSPR035, Regla 407; Julio 30, 2009, Núm. 46, art. 1, efectiva el 1 de enero de 2010.)

Regla 408. Transacciones y ofertas para transigir (32 L.P.R.A. AP VI Regla 408)

(A) No es admisible para probar la validez o falta de validez de una reclamación, la cuantía reclamada o para impugnar a base de una declaración anterior inconsistente o por contradicción:

(1) Evidencia de que una persona (a) ha provisto, ofrecido o prometido proveer o (b) ha aceptado, ofrecido o prometido aceptar algo de valor, con el propósito de intentar o lograr transigir una reclamación cuando estaba en controversia su validez o la cuantía reclamada, o

(2) Evidencia sobre conducta o declaraciones efectuadas durante gestiones dirigidas a transigir.

(B) Esta Regla no requiere la exclusión de evidencia que se ofrece para otros propósitos tales como impugnar por parcialidad o prejuicio a una persona testigo, refutar una alegación de demora indebida o probar un intento de obstruir una investigación o procedimiento criminal. Para fines de esta Regla, no se considerará como intento de obstruir una investigación o procedimiento criminal, la conducta dirigida a transigir un delito cuya transacción está autorizada por las Reglas de Procedimiento Criminal, el Código Penal o legislación especial.

(C) Esta Regla aplica en casos civiles y criminales.

(Febrero 9, 2009, 2009TSPR035, Regla 408; Julio 30, 2009, Núm. 46, art. 1, efectiva el 1 de enero de 2010.)

Regla 409. Pago y oferta de pago por gastos médicos (32 L.P.R.A. AP VI Regla 409)

Evidencia de proveer, ofrecer o prometer el pago de gastos médicos, hospitalarios o gastos similares surgidos a raíz de lesiones, no es admisible para probar responsabilidad por las lesiones.

(Febrero 9, 2009, 2009TSPR035, Regla 409; Julio 30, 2009, Núm. 46, art. 1, efectiva el 1 de enero de 2010.)

Regla 410. Alegación preacordada (32 L.P.R.A. AP VI Regla 410)

La existencia de una alegación preacordada, sus términos o condiciones, y las conversaciones o conducta conducentes a la misma, no serán admisibles en ningún procedimiento criminal o civil si la alegación preacordada hubiere sido rechazada por el Tribunal, invalidada en algún recurso posterior o retirada válidamente por la persona imputada o el Ministerio Público. Lo anterior será admisible por excepción en un procedimiento criminal por perjurio contra la persona imputada basado en manifestaciones hechas por ésta bajo juramento y en presencia de su abogada o abogado.

(Febrero 9, 2009, 2009TSPR035, Regla 410; Julio 30, 2009, Núm. 46, art. 1, efectiva el 1 de enero de 2010.)

Regla 411. Sistema para determinación inicial de responsabilidad (32 L.P.R.A. AP VI Regla 411)

A) La adjudicación de responsabilidad por accidentes de tránsito en la que se han utilizado los diagramas contenidos en el Sistema de la Determinación Inicial de Responsabilidad, según establecido por ley, no será admisible en procedimiento criminal o civil alguno que surja por los hechos particulares del referido accidente. No obstante, cualquier cantidad satisfecha por concepto de la adjudicación de responsabilidad, resultante de la utilización de los referidos diagramas en la reclamación surgida por tal accidente de tránsito, será admisible a los únicos efectos de que se acredite a cualquier cantidad adicional que judicial o extrajudicialmente se le adjudique a alguna de las partes involucradas en tal reclamación.

(B) Tampoco será admisible como evidencia en un procedimiento civil o criminal, el informe amistoso de accidente que las partes involucradas en un accidente de tránsito llenen, firmen y entreguen a un asegurador o aseguradora, o su representante autorizado, excepto en procedimientos administrativos o criminales promovidos por la presentación de reclamaciones falsas o fraudulentas.

(Febrero 9, 2009, 2009TSPR035, Regla 411; Julio 30, 2009, Núm. 46, art. 1, efectiva el 1 de enero de 2010.)

Regla 412. Casos relacionados con conducta sexual ilícita; pertinencia de conducta sexual previa de una alegada víctima de agresión sexual; evidencia sobre alegada propensión sexual (32 L.P.R.A. AP VI Regla 412)

(A) Evidencia generalmente inadmisible

La siguiente evidencia es inadmisible en cualquier procedimiento criminal que involucre alegaciones de conducta sexual ilícita:

(1) evidencia de opinión, reputación o conducta sexual que se ofrece para probar que cualquier alegada víctima participó en otra conducta sexual;

(2) evidencia de cualquier otro tipo que se ofrece para probar la propensión sexual de cualquier alegada víctima.

(B) Excepciones

En casos penales la siguiente evidencia es admisible, salvo que resulte inadmisible bajo otras Reglas:

(1) evidencia de actos específicos de conducta sexual de la alegada víctima, que es ofrecida para probar que una persona distinta a la que fue acusada originó el semen, las lesiones u otra evidencia física;

(2) evidencia de actos específicos de conducta sexual de la alegada víctima con la persona acusada de conducta sexual ilícita, que se ofrece por la persona acusada para probar que hubo consentimiento o por el Ministerio Público;

(3) evidencia cuya exclusión violaría los derechos constitucionales de la persona acusada.

(C) Procedimiento para determinar admisibilidad

(1) Una parte que se propone presentar evidencia según las excepciones establecidas en el inciso (B) deberá:

(a) presentar una moción en la cual describa de forma específica la evidencia en cuestión sostenida en declaración jurada y donde se exprese el propósito para el cual la ofrece;

(b) someter la moción por lo menos 14 días antes del juicio, excepto si el Tribunal, por justa causa, establece un plazo distinto o permite que se presente durante el juicio;

(c) notificar la moción a todas las partes y a la alegada víctima. Cuando ésta sea menor o incapacitada, la notificación deberá efectuarse a su tutor o representante legal.

(2) Antes de admitir evidencia bajo esta Regla, el Tribunal debe celebrar una vista en privado donde se le brinde oportunidad a las partes de presentar prueba. En los casos que se ventilen ante Tribunal de derecho, la determinación en cuanto a la admisibilidad de evidencia la hará un Juez distinto al que preside el juicio. En la vista sólo se permitirá la presencia de la víctima, la persona acusada, el Ministerio Público, la abogada o el abogado de defensa y personal de apoyo del Tribunal y de las partes. La moción, los documentos relacionados y el expediente de la vista permanecerán sellados, excepto si el Tribunal ordena lo contrario.

(3) Al terminar la vista, si el Tribunal determina que la evidencia que se propone ofrecer la persona acusada es pertinente y que su naturaleza inflamatoria o perjudicial no tendrá un peso mayor que su

valor probatorio, dictará una orden escrita indicando la evidencia que puede ser presentada por la persona acusada y la naturaleza de las preguntas permitidas. La persona acusada entonces podrá ofrecer evidencia de acuerdo con la orden del Tribunal.

(Febrero 9, 2009, 2009TSPR035, Regla 412; Julio 30, 2009, Núm. 46, art. 1, efectiva el 1 de enero de 2010.)

Regla 413. Hostigamiento sexual; agresión sexual; evidencia de reputación y opinión sobre conducta sexual de la parte demandante; inadmisibilidad; excepción; contrainterrogatorio (32 L.P.R.A. AP VI Regla 413)

(A) Admisión y exclusión de evidencia

(1) En cualquier acción civil en la que se alegue conducta constitutiva de hostigamiento sexual o agresión sexual, no se admitirá evidencia de la parte demandada para establecer consentimiento o inexistencia de daños, ya sea evidencia de opinión o reputación o de hechos específicos sobre la conducta sexual de la parte demandante. Esta regla de exclusión no aplicará cuando el daño alegado por la parte demandante sea pérdida de la capacidad para sostener relaciones sexuales.

(2) No será aplicable lo dispuesto en el inciso (A) (1) de esta Regla a evidencia de conducta sexual de la parte demandante con la persona que según se alega, fue la hostigadora o agresora.

(3) Si la parte demandante somete evidencia relacionada con su conducta sexual –incluyendo su propio testimonio o el de cualquier otra persona– la parte demandada podrá contrainterrogar a la persona testigo o a la parte que ofrezca dicha información y ofrecer evidencia pertinente, específicamente limitada a refutar la evidencia presentada por la parte demandante.

(B) Procedimiento para determinar admisibilidad

(1) La determinación en cuanto a la admisibilidad de evidencia bajo el inciso (A) de esta Regla, la hará una Jueza o un Juez distinto al que interviene en la consideración de los méritos de la demanda. La parte demandada deberá:

(a) presentar una moción en la cual describa de forma específica la evidencia en cuestión sostenida en declaración jurada y exprese el propósito para el cual la ofrece;

(b) someter la moción por lo menos 14 días antes del juicio, excepto si el Tribunal, por justa causa, establece un plazo distinto o permite que se presente durante el juicio;

(c) notificar la moción a la parte demandante.

(2) Antes de admitir evidencia bajo esta Regla, el Tribunal celebrará una vista privada. En la vista sólo se permitirá la presencia de las partes, sus abogadas o abogados y personal de apoyo del Tribunal y de las partes. La moción, los documentos relacionados y el expediente de la vista permanecerán sellados, excepto si el Tribunal ordena lo contrario. Si el Tribunal determina que la evidencia será admitida, dictará una orden indicando la evidencia que puede ser presentada por la parte demandada y la naturaleza de las preguntas permitidas.

(C) Nada de lo dispuesto en esta Regla afecta la admisibilidad de cualquier evidencia ofrecida para impugnar la credibilidad de una persona testigo.

(Febrero 9, 2009, 2009TSPR035, Regla 413; Julio 30, 2009, Núm. 46, art. 1, efectiva el 1 de enero de 2010.)

CAPÍTULO V: PRIVILEGIOS

Regla 501. Privilegios de la persona acusada (32 L.P.R.A. AP VI Regla 501)

En la medida en que así sea reconocido en la Constitución de los Estados Unidos o en la Constitución del Estado Libre Asociado de Puerto Rico, una persona imputada o acusada tiene derecho, en una causa criminal en su contra, a no ser llamada como testigo, a no declarar y a que no sea hecha inferencia alguna del ejercicio de tal derecho.

(Febrero 9, 2009, 2009TSPR035, Regla 501; Julio 30, 2009, Núm. 46, art. 1, efectiva el 1 de enero de 2010.)

Regla 502. Autoincriminación (32 L.P.R.A. AP VI Regla 502)

En la medida en que así sea reconocido en la Constitución de los Estados Unidos o en la Constitución del Estado Libre Asociado de Puerto Rico, toda persona tiene el privilegio de rehusar revelar cualquier materia que tienda a incriminarle.

(Febrero 9, 2009, 2009TSPR035, Regla 502; Julio 30, 2009, Núm. 46, art. 1, efectiva el 1 de enero de 2010.)

Notas importantes
Anotaciones Anteriores de la Regla 24.

-El privilegio contra la autoincriminación solamente se extiende a evidencia de naturaleza testimonial. Sin embargo, las muestras caligráficas que el Ministerio Público pretende conseguir en el caso de epígrafe no constituyen declaraciones testimoniales que activen la protección concedida en virtud de dicho privilegio. Por tanto, es forzoso concluir que la evidencia objeto de controversia meramente constituye prueba de características físicas de identificación que están fuera del alcance del derecho contra la autoincriminación. Pueblo v. Sustache Torres, 2006TSPR112, (2006); 168 D.P.R. 350, (2006).

-"Tal renuncia es consciente e inteligente cuando al sospechoso se le informa apropiada y eficazmente sobre su protección constitucional contra la autoincriminación, "incluyendo la advertencia crucial de que cualquier manifestación que haga al respecto podrá ser usada en su contra en un proceso criminal. Id (énfasis en el original); véase también Rivera Escuté v. Jefe de la Penitenciaría, 92 D.P.R. 765, 776, (1965); Pueblo v. Ruiz Bosch, opinión del 25 de enero de 1991, 127 D.P.R. 762, (1991), 91 J.T.S. 7, 8315. Al Estado le corresponde la carga de demostrar que se hicieron las advertencias de rigor y que la renuncia del sospechoso fue voluntaria e inteligente. *Pueblo v. Pellot Pérez*, 121 D.P.R. 791, (1988), 89 J.T.S. 109; Pueblo v. García Ciuro, 134 D.P.R. 13, (1993)

-"Para que el Ministerio Público cumpla con el deber de probar que la renuncia del derecho contra la autoincriminación fue voluntaria, consciente e inteligente, hemos exigido que se "desfile prueba detallada sobre las advertencias específicas que se le hicieron al sospechoso y sobre las condiciones imperantes en el momento en que éste hizo la admisión o confesión[...]."Pueblo v. Ruiz Bosch, supra, en la pág. 8315 (énfasis en el original). Es decir, "antes de que el ministerio fiscal presente prueba sobre la admisión o confesión extrajudicial realizada por un imputado de delito, éste viene en la obligación de desfilar prueba detallada y específica sobre los aspectos a los que hemos hecho referencia anteriormente." Pueblo v. García Ciuro, 134 D.P.R. 13, (1993)

-"La doctrina señala que ante errores de esta naturaleza "que puedan conllevar menoscabo de derechos constitucionalmente protegidos, como lo es el de autoincriminación, el peso de probar que la evidencia erróneamente admitida no fue perjudicial, recae sobre la parte que se beneficio del error cometido." Pueblo v. Pellot Pérez, supra, (enfasis nuestro); Chapman v. California, 386 U.S. 18 (1967)." Pueblo v. García Ciuro, 134 D.P.R. 13, (1993)

-Al determinar la admisibilidad de declaraciones incriminatorias de un sospechoso a un agente en la etapa investigativa, ante un planteamiento del acusado de que no se satisficieron los requisitos de advertencias legales y un planteamiento del Estado de renuncia al privilegio contra la autoincriminación, corresponde al Ministerio Fiscal presentar prueba detallada sobre las advertencias específicas que se hicieron al sospechoso y sobre las condiciones imperantes en el momento en que se hizo la admisión o confesión, para que un tribunal de justicia pueda determinar, a base del criterio de la totalidad de las circunstancias, si la renuncia a su derecho contra la autoincriminación fue voluntaria, consciente e inteligente. Le corresponde al Estado el peso de la prueba de demostrar que se hicieron las advertencias legales y que el acusado renunció al derecho contra la autoincriminación de forma voluntaria mediante un abandono intencional e inteligente de su derecho. Pueblo v. Ruiz Bosch, 127 D.P.R. 762, (1991)

-Tanto en casos por jurado como en casos por tribunal de derecho, antes de que el Ministerio Fiscal presente prueba sobre la admisión o confesión extrajudicial realizada por un imputado de delito, éste viene en la obligación de desfilar prueba detallada y específica sobre las advertencias específicas que se le hicieron al sospechoso y sobre las condiciones imperantes en el momento en que hizo la admisión o confesión. Pueblo v. Ruiz Bosch, 127 D.P.R. 762, (1991)

-Un funcionario del Estado no cumple en forma eficaz con su obligación de informarle a un sospechoso o acusado de su derecho contra la autoincriminación si al cumplir con el requisito de leerle las advertencias lo hace en forma mecánica y con el único propósito de cumplir con el mencionado requisito. Pueblo en Interés del Menor J.A.B.C., 123 D.P.R. 551, (1989)

-Los tribunales deben examinar la "totalidad de las circunstancias" que rodean una confesión obtenida por los funcionarios del Estado a los fines de determinar si la renuncia al derecho contra la autoincriminación de un sospechoso o un imputado de delito es o no es válida en derecho. Pueblo en Interés del Menor J.A.B.C., 123 D.P.R. 551, (1989)

-Los tribunales, bajo el criterio de la "totalidad de las circunstancias" y con el propósito de determinar la admisibilidad o inadmisibilidad de una confesión, deben sopesar, entre otros, los factores siguientes: (1) la persona del sospechoso o imputado de delito y sus circunstancias personales y particulares (por ejemplo, su edad y su instrucción académica); (2) el período de tiempo que estuvo bajo custodia policíaca antes de prestar la confesión; (3) si estuvo o no acompañado por un familiar, y (4) si estuvo o no asistido por abogado al confesar. Pueblo en Interés del Menor J.A.B.C., 123 D.P.R. 551, (1989)

-El Tribunal Supremo ha resuelto --en adición a sostener que a un menor le protege en todo momento la garantía constitucional contra la autoincriminación--que hay que intentar asegurarse que la confesión prestada por un menor es voluntaria, no sólo en el sentido de que no fue el producto de la coacción o la sugestión, sino también en el sentido de que no fue el resultado de la ignorancia de sus derechos o de la fantasía, el pavor o el desaliento del adolescente mediante el examen de la totalidad de las circunstancias en que la confesión se produjo. Esa determinación del juez, conforme al criterio de la "totalidad de las circunstancias", debe ser realizada en la etapa judicial de los procedimientos. Pueblo en Interés del Menor J.A.B.C., 123 D.P.R. 551, (1989)

-Es admisible en evidencia una admisión de una persona a un policía--a los efectos de que era el conductor de un automóvil encontrado volcado y caído en una cuneta--sin necesidad de que a la primera se le hiciera advertencia contra la autoincriminación cuando dicha persona no se encontraba bajo arresto o bajo la custodia del policía u otra autoridad competente, ni se le interrogaba con el fin de obtener de él manifestaciones incriminatorias. Pueblo V. Beltrán Santiago, 97 D.P.R. 092, (1969)

-Se entiende por **interrogatorio bajo custodia** aquel iniciado por oficiales encargados de hacer cumplir la ley después que una persona es puesta bajo custodia o en alguna otra forma privada de su libertad de acción. Pueblo V. Beltrán Santiago, 97 D.P.R. 092, (1969)

-Confesiones- La admisión de una persona a un policía en las circunstancias que se exponen en el primer sumario--e independientemente de si dicha persona ha puesto a este Tribunal en condiciones de examinar y resolver su planteamiento por no haber elevado la totalidad de la transcripción de la evidencia--es admisible cuando del récord parcial en apelación surge que dicha admisión tuvo alguna corroboración. Pueblo V. Beltrán Santiago, 97 D.P.R. 092, (1969)

-Es necesario hacer las advertencias requeridas a un sospechoso para garantizar sus derechos contra la autoincriminación y de asistencia de abogado, una vez se ha colocado a éste bajo arresto, aunque no se encuentre en un cuartel de la policía, si está efectivamente restringido en su libertad. Pueblo V. Tribunal Superior, 97 D.P.R. 199, (1969)

-Son admisibles en evidencia--sin que previamente el policía le advierta de su derecho a no declarar y a tener ayuda de abogado--las manifestaciones hechas por un sospechoso al ser interrogado inicialmente en las investigaciones rutinarias de infracciones de tránsito que lleva a cabo la policía en el lugar de los hechos, cuando el agente solo se orienta para descubrir la identidad del sospechoso. (**Escobedo** v. **Illinois** 378 U.S. 478, **Miranda** v. **Arizona** 384 U.S. 436 y **Rivera Escuté** v. **Jefe Penitenciaría** 92:765, **distinguidos.**) Pueblo v. Tribunal Superior, 97 D.P.R. 199, (1969)

-No da debido cumplimiento al mandato constitucional de advertir a un acusado contra la autoincriminación, el hecho de que en una forma oficial intitulada "Declaración Jurada de Testigo" aparezca impresa la frase **previas las advertencias de ley.** Pueblo v. Figueroa González, 95 D.P.R. 98, (1967)

-Para dar cabal cumplimiento al manda constitucional de advertir a un acusado contra la autoincriminación en una declaración extrajudicial, tal advertencia debe preceder a dicha declaración, y así debe aparecer específicamente del texto de la misma si fuere escrita. Pueblo v. Figueroa González, 95 D.P.R. 98, (1967)

-Bajo el estado de derecho vigente en 21 de octubre de 1962 y en 26 y 27 de junio de 1963, no viola el debido proceso de ley, ni el derecho de un acusado a un juicio justo e imparcial--y por tanto es admisible en evidencia en el correspondiente juicio--una declaración extrajudicial escrita, cuando de la misma se desprende, si bien no de la mejor manera que debió ser, que al acusado se le advirtió su derecho a no autoincriminarse, y que lo que declarara podría utilizarse en su contra en cualquier caso, máxime cuando del estudio del récord el Tribunal llega a la conclusión que dicha declaración fue voluntariamente hecha, sin coacción de índole alguna. Pueblo V. Figueroa González, 95 D.P.R. 98,(1967)

-Sobre inmunidad de uso derivativo. Véase Kastigan v. U.S., 406 U.S. 441 (1972)

Regla 503. Relación abogada o abogado y cliente (32 L.P.R.A. AP VI Regla 503)

(A) Según usadas en esta Regla, las siguientes expresiones tendrán el significado que a continuación se indica:

(1) *Abogada o Abogado:* Persona autorizada o a quien el o la cliente razonablemente creyó autorizada a ejercer la profesión de la abogacía en Puerto Rico o en cualquier otra jurisdicción; incluyendo a sus asociadas, ayudantes y empleadas.

(2) *Cliente:* Persona natural o jurídica que, directamente o a través de representante autorizado, consulta a una abogada o a un abogado con el propósito de contratarle o de obtener servicios legales o consejo en su capacidad profesional. Incluye a la persona incapaz que consulta a una abogada o a un abogado o cuyo tutor, tutora o encargada hace tal gestión con la abogada o el abogado a nombre de la persona incapaz.

(3) *Representante autorizado*: Persona facultada para obtener servicios legales o actuar a base de consejo legal ofrecido, en representación de la que es cliente. Incluye a una persona que, con el propósito de que se brinde representación legal a quien es cliente, hace o recibe una comunicación confidencial mientras actúa dentro del alcance de su empleo con el o la cliente.

(4) *Comunicación confidencial:* Aquélla habida entre una abogada o un abogado y su cliente en relación con alguna gestión profesional, basada en la confianza de que no será divulgada a terceras personas, salvo a aquéllas que sea necesario para llevar a efecto los propósitos de la comunicación.

(B) Sujeto a lo dispuesto en esta Regla, el o la cliente –sea o no parte en el pleito o acción– tiene el privilegio de rehusar revelar, y de impedir que otra persona revele, una comunicación confidencial entre ella y su abogada o abogado. El privilegio puede ser invocado no sólo por quien lo posee –que es la persona cliente– sino también por una persona autorizada a invocarlo en beneficio de ésta, o por la abogada o el abogado a quien la comunicación fue hecha si lo invoca a nombre de y para beneficio de la que es cliente.

(C) No existe privilegio bajo esta Regla si:

(1) Los servicios de la abogada o del abogado fueron solicitados u obtenidos para permitir o ayudar a cualquier persona a cometer o planear la comisión de un delito o un fraude.

(2) La comunicación es pertinente a una controversia entre los herederos de la persona cliente ya fallecido, independientemente de que las reclamaciones provengan de un testamento o de sucesión intestada o de transacción entre vivos.

(3) La comunicación es pertinente a una controversia relativa a una violación de los deberes mutuos que surjan de la relación abogada o abogado-cliente.

(4) La comunicación es pertinente a una controversia relativa a un documento en que intervino la abogada o el abogado en calidad de notaria o notario.

(5) La comunicación es pertinente a una materia de común interés para dos o más personas que son clientes de la abogada o del abogado, en cuyo caso una de las personas clientes no puede invocar el privilegio contra las otras.

(D) Cuando dos o más personas se unen como clientes de una misma abogada o un mismo abogado en cuanto a un asunto de interés común entre ellas, ninguna podrá renunciar al privilegio sin el consentimiento de las otras.

(Febrero 9, 2009, 2009TSPR035, Regla 503; Julio 30, 2009, Núm. 46, art. 1, efectiva el 1 de enero de 2010.)

Notas Importantes
Anotaciones

-Uno de estos privilegios es el de abogado-cliente establecido en la Regla 503 de Evidencia, 32 LPRA Ap. VI (2010). En particular, el inciso (b) de esta regla dispone que el cliente tiene el privilegio de rehusar revelar y de impedir que otra persona revele una comunicación confidencial entre ésta y su abogado realizada en el curso de procurar asistencia legal. Conforme al inciso (a)(4) de la referida regla, esta comunicación protegida es aquella habida "en relación con alguna gestión profesional, basada en la confianza de que no será divulgada a terceras personas, salvo a aquéllas que sea necesario para llevar a efecto los propósitos de la comunicación". … Este privilegio tiene como fin garantizar la confidencialidad de las consultas a un abogado de manera que se promueva una ayuda legal efectiva. Pagán *et al.* v. First Hospital, Casasnovas Balado v. USB Financial, 2017TSPR164, (2017); 189 D.P.R. 509, (2013).

- El peso de probar un privilegio lo tiene la parte que alega o reclama su existencia. … Así pues, le corresponde establecer *prima facie* que concurren los elementos necesarios para su aplicación. … Para ello, se exige que se demuestre: que hay expectativa de confidencialidad; que ésta es un elemento esencial para mantener la relación entre las partes; que la comunidad promueve o reconoce este tipo de relación, y que el perjuicio ocasionado por la divulgación de la comunicación supera el beneficio de divulgarla. Casasnovas Balado v. USB Financial, 2017TSPR164, (2017); 198 D.P.R. 1040, (2017).

-Regla 503 de Evidencia en el Derecho Laboral- Alcance del privilegio abogado-cliente en el contexto corporativo. Una conversación sostenida entre un empleado de una corporación y los abogados de ésta, de cara a una potencial demanda en contra de la corporación por parte de terceros, NO constituye materia privilegiada en un pleito independiente instado por el empleado en contra de la corporación. Pagán Cartagena v. First Hospital Panamericano, 2013TSPR102; 189 D.P.R. 509, (2013)

-En Pueblo v. Fernández Rodríguez, 183 D.P.R. 770 (2011), en la que resolvimos que constituye materia privilegiada inadmisible en evidencia toda información ofrecida a un agente del orden público por el abogado de una persona que lo vincula con conducta delictiva, sin que esa persona haya renunciado al privilegio abogado-cliente. Asimismo, suprimimos toda evidencia real obtenida como producto de la información revelada al agente del orden público, conforme a la normativa sobre el privilegio abogado-cliente y la garantía constitucional a la no autoincriminación. Pueblo v. Fernández Rodríguez, 2013TSPR27; 188 D.P.R. 165, (2013), Opinión en Reconsideración.

-Por la presente, reconsideramos nuestra posición con el único efecto de establecer que la doctrina del "fruto del árbol ponzoñoso" no se extiende para suprimir evidencia real obtenida como producto de una violación al privilegio abogado-cliente. Pueblo v. Fernández Rodríguez, 2013TSPR27; 188 D.P.R. 165, (2013), Opinión en Reconsideración.

Anotaciones Anteriores de la Regla 25.

-Para que un tribunal reconozca la existencia de una comunicación privilegiada es necesario que concurran cuatro condiciones fundamentales, a saber: (1) la comunicación tiene que haberse originado en la confianza de que no será divulgada; (2) este elemento de confiabilidad tiene que ser esencial para mantener plena y satisfactoriamente la relación entre las partes; (3) la relación debe ser una que la comunidad considere debe ser diligentemente promovida; y (4) el perjuicio que causaría la divulgación de la comunicación debe ser mayor que el beneficio obtenido por la correcta disposición del pleito. García Negrón v. Tribunal Superior, 104 D.P.R.727, 732, (1976); Pueblo v. Fernández Rodríguez, 2010TSPR188, (2010); 183 D.P.R. 770, (2010)

-Si bien el privilegio abogado-cliente no tiene rango constitucional, en situaciones particulares como la presente tal privilegio se encuentra interrelacionado con el derecho constitucional a la no autoincriminación. Pueblo v. Fernández Rodríguez, 2010TSPR188, (2010); 183 D.P.R. 770, (2010)

-Se modifica la sentencia emitida por el Tribunal de Apelaciones a los fines de no admitir en evidencia las partes del testimonio del sargento Curbelo que involucran materia privilegiada. Asimismo, ordenamos la supresión del arma de fuego, cargador y municiones ocupadas por ser producto de dicho testimonio. Pueblo v. Fernández Rodríguez, 2010TSPR188, (2010); 183 D.P.R. 770, (2010)

-El Supremo en una Sentencia confirma la decisión del Tribunal Apelativo que resuelve "que el privilegio abogado-cliente protege las comunicaciones en controversia y al permitir que el tribunal de instancia determinara que todos los documentos sometidos estaban protegidos por el privilegio, sin hacer un desglose de las comunicaciones y la razón por la cual éstas eran privilegiadas." Autopistas de Puerto Rico v. Autoridad de Carreteras, 2006TSPR041, (2006); 167 D.P.R. 361, (2006).

-La grabación magnetofónica del testimonio vertido en la vista preliminar no constituye producto de la labor del abogado exenta del descubrimiento de prueba porque no contiene pensamientos privilegiados, teorías legales, impresiones mentales, ni estrategias de la defensa, Regla 25 de Evidencia, 32 LPRA Ap. IV R. 25; Ades v. Zalman, 115 DPR 514 (1984); Hickman v. Taylor, 329 U.S. 495 (1947). Tal y como indica el Tribunal de Apelaciones, la grabación es una mera reproducción de la vista preliminar y de los eventos procesales allí ocurridos. Pueblo v. Aguayo Huertas, 2006TSPR019, (2006); 167 D.P.R. 59, (2006), Sentencia

-La Regla 25 de Evidencia establece el privilegio de abogado y cliente, también denominado secreto profesional. Fundado en serias consideraciones de política pública propicia crear un ambiente de seguridad en toda comunicación profesional. Ades v. Zalman, 115 D.P.R. 514, (1984)

No existe un derecho absoluto a llamar a deponer al abogado de la parte contraria en un litigio. El derecho a tomar una deposición al abogado de una parte está condicionado a que previa y adecuadamente se establezca justa causa. Ades v. Zalman, 115 D.P.R. 514, (1984)

-La determinación de justa causa para permitir la toma de deposición al abogado de una parte exige un estricto y ponderado escrutinio de los tribunales. Ades v. Zalman, 115 D.P.R. 514, (1984)

-Al determinar si existe justa causa para tomarle una deposición al abogado de una parte, el foro judicial debe tratar de detectar si la información que se busca descubrir a través del abogado es susceptible de ser obtenida de otras personas o medios menos onerosos y complejos. De existir otras fuentes de información accesibles y aptas, debe prescindirse de ese curso de acción. <u>Ades v. Zalman</u>, 115 D.P.R. 514, (1984)

-Una vez establecida justa causa para la toma de deposición al abogado de una parte éste puede ser requerido a deponer y el descubrimiento se extiende a toda materia pertinente no privilegiada y que no sea producto de su trabajo (**work product**). Sin embargo, para atemperar el rigor de toda citación de este género, los interesados deben coordinar (o en su defecto el tribunal debe dictar) la fecha, hora, sitio y demás condiciones que propendan a garantizar el menor de los perjuicios al deponente. <u>Ades v. Zalman</u>, 115 D.P.R. 514, (1984)

-El producto de la labor del abogado (**work product**) está fuera del ámbito de descubrimiento de prueba y consiste en la información que ha reunido el abogado y las impresiones mentales, teorías legales y estrategias que él persigue o ha adoptado, derivadas de entrevistas, declaraciones, memorandos, correspondencia, resúmenes, investigaciones de hechos o de derecho, creencias personales y otros medios tangibles o intangibles. <u>Ades v. Zalman</u>, 115 D.P.R. 514, (1984)

-La Regla 25 de las Reglas de Evidencia de 1979 define la comunicación confidencial que protege este privilegio como "aquella comunicación habida entre un abogado y su cliente en relación a alguna gestión profesional basada en la confianza de que no será divulgada a terceras personas, salvo a aquellas que sea necesario para llevar a efecto los propósitos de la comunicación". <u>Pueblo v. Chaar Cacho</u>, 109 D.P.R. 316, (1980), Nota al calce de la Opinión.

Regla 504. Relación contadora o contador público autorizado y cliente (32 L.P.R.A. AP VI Regla 504)

(A) Según usadas en esta Regla, las siguientes expresiones tendrán el significado que a continuación se indica:

(1) *Contadora o Contador Público Autorizado:* Toda persona que posea una licencia para dedicarse a la práctica de la contabilidad pública en Puerto Rico o en los Estados Unidos de América.

(2) *Cliente:* Persona natural o jurídica que consulta a una contadora o contador público autorizado, o a quien creyó con autorización para ejercer la profesión de la contabilidad, con el propósito de contratarle o de obtener servicios en su capacidad profesional.

(3) *Comunicación confidencial:* Aquélla habida entre una contadora o contador público autorizado –incluyendo a las personas que son sus asociadas, ayudantes y empleadas de oficina– y su cliente en relación

con alguna gestión profesional, realizada en el ejercicio de la profesión de contabilidad, basada en la confianza de que no será divulgada a terceras personas, salvo a aquéllas que sea necesario para llevar a efecto los propósitos de la comunicación.

(B) Sujeto a lo dispuesto en esta Regla, la persona cliente -sea o no parte en el pleito o acción- tiene el privilegio de rehusar revelar, y de impedir que otra persona revele, una comunicación confidencial entre ella y su contadora o contador público autorizado. El privilegio puede ser invocado sólo por quien posee el privilegio, que es la persona cliente.

(C) No existe privilegio bajo esta Regla si:

(1) Los servicios a la contadora o contador público autorizado fueron solicitados y obtenidos para permitir o ayudar a cualquier persona a cometer o planear la comisión de un delito o un fraude.

(2) La comunicación es pertinente a una controversia relativa a una violación de los deberes mutuos que surjan de la relación contadora o contador público autorizado y cliente.

(3) La comunicación es pertinente a una materia de común interés para dos o más clientes de la contadora o contador público autorizado, en cuyo caso una de las personas clientes no puede invocar el privilegio contra las otras.

(4) El contenido de la comunicación se le requiere durante un procedimiento civil o penal bajo la Ley de Armas, Ley de Sustancias Controladas, Ley de Explosivos, Ley Contra el Crimen Organizado, las disposiciones del Código Penal y las leyes especiales sobre estas materias.

(5) Las normas que regulan la profesión de la contabilidad requieren que se divulgue la comunicación.

(6) La comunicación entre la contadora o contador público autorizado y su cliente puede ser divulgada por mandato de ley o por razón de interés público apremiante.

(D) Cuando dos o más personas se unen como clientes de la misma contadora o el mismo contador público autorizado en cuanto a un asunto de interés común entre ellas, ninguna podrá renunciar al privilegio sin el consentimiento de las otras.

(Febrero 9, 2009, 2009TSPR035, Regla 504; Julio 30, 2009, Núm. 46, art. 1, efectiva el 1 de enero de 2010.)

Regla 505. Renuncia a los privilegios de abogada o abogado-cliente; contadora o contador público autorizado-cliente; renuncia al privilegio para el producto del trabajo realizado por una parte o sus representantes en anticipación o como parte de un litigio (32 L.P.R.A. AP VI Regla 505)

(A) Aplicabilidad de esta Regla

Las disposiciones de esta Regla aplican a comunicaciones o información protegida por el privilegio abogada o abogado-cliente, contadora o contador público autorizado-cliente o por el privilegio para el producto del trabajo, según se definen dichos términos a continuación:

(1) Privilegio abogada o abogado-cliente o contadora o contador público autorizado-cliente: Significa la protección provista a comunicaciones confidenciales entre abogada o abogado y cliente o contadora o contador público autorizado y cliente de conformidad con el Derecho aplicable.

(2) Privilegio para el producto del trabajo: Significa la protección provista a información que es el producto del trabajo de una parte o de la persona que es abogada, consultora, fiadora, aseguradora o agente de dicha parte, preparada u obtenida en anticipación de, o como parte de una investigación o procedimiento civil, administrativo o penal.

(B) Renuncia voluntaria

La divulgación voluntaria de una información protegida por el privilegio abogada o abogado-cliente, contadora o contador público autorizado-cliente o el privilegio para el producto del trabajo constituye una renuncia a estos privilegios, la cual no se extiende a una comunicación no divulgada o a información sobre la misma materia. Esta Regla no aplica si la comunicación no divulgada o los datos en cuestión deben ser considerados para la más cabal comprensión de la información divulgada.

(C) Renuncia involuntaria

La divulgación de una comunicación o información protegida por el privilegio abogada o abogado-cliente, contadora o contador público autorizado-cliente o el privilegio para el producto del trabajo, no se considerará una renuncia al privilegio si se cumple con todos los requisitos siguientes:

(1) si fue realizada por inadvertencia,

(2) como parte del procedimiento judicial o administrativo en el cual se invoca la renuncia,

(3) quien posee el privilegio tomó medidas de precaución razonables para evitar la divulgación y

(4) una vez el poseedor o la poseedora del privilegio conoció o debió conocer de la divulgación, con razonable prontitud tomó medidas para rectificar el error.

(D) Efectos de una renuncia mediante estipulación

Un acuerdo entre las partes en un litigio en relación con el efecto que tendrá la divulgación de una información o comunicación protegida por el privilegio abogada o abogado-cliente, contadora o contador público autorizado-cliente o el privilegio para el producto del trabajo, sólo tendrá efecto vinculante entre las partes en el litigio, excepto si el acuerdo de las partes es incorporado en una orden del Tribunal.

(E) Órdenes Judiciales

Una orden emitida como parte de un procedimiento judicial en un Tribunal del Estado Libre Asociado de Puerto Rico, y la cual dispone que el privilegio abogada o abogado-cliente, el privilegio contadora o contador público autorizado-cliente o el privilegio para el producto del trabajo no debe considerarse renunciado en virtud de una divulgación de información efectuada en dicho procedimiento judicial, obliga a todas las personas o entidades en todos los procedimientos judiciales o administrativos ante el Estado Libre Asociado de Puerto Rico, independientemente de que dichas personas o entidades hayan sido parte en el procedimiento judicial, si (1) la orden incorpora el acuerdo de las partes ante el Tribunal o (2) en caso de surgir controversia entre las partes respecto a si hubo una renuncia al privilegio como resultado de una divulgación, la orden determina que no hubo tal renuncia al privilegio en cuestión.

(Febrero 9, 2009, 2009TSPR035, Regla 505; Julio 30, 2009, Núm. 46, art. 1, efectiva el 1 de enero de 2010.)

Notas Importantes
Anotaciones
-La Regla 505 de Evidencia, 32 LPRA Ap. VI (2010), establece el privilegio para el producto del trabajo de un abogado, consultor, fiador,

asegurador, o agente, preparado u obtenido "en anticipación de, o como parte de una investigación o procedimiento civil, administrativo o penal". Casasnovas Balado v. USB Financial, 2017TSPR164, (2017); 198 D.P.R. 1040, (2017).

-Incorporación de criterios, conforme a la doctrina de Garner, para determinar si procede la excepción fiduciaria al privilegio abogado-cliente en el contexto de una relación accionista-corporación. Casasnovas Balado v. USB Financial, 2017 TSPR 164, (2017); 198 D.P.R. 1040, (2017).

Regla 506. Relación médico y paciente (32 L.P.R.A. AP VI Regla 506)

(A) Según usadas en esta Regla, las siguientes expresiones tendrán el significado que a continuación se indica:

(1) *Médico:* Persona autorizada, o a quien el o la paciente razonablemente cree que está autorizada a ejercer la medicina en el lugar en que se efectúa la consulta o el examen médico.

(2) *Paciente:* Persona que con el único fin de obtener tratamiento médico, o un diagnóstico preliminar a dicho tratamiento, consulta a aquélla que es médico o se somete a examen por ésta.

(3) *Comunicación confidencial:* Aquélla habida entre el o la médico y el o la paciente en relación con alguna gestión profesional basada en la confianza de que ésta no será divulgada a terceras personas, salvo a aquéllas que sea necesario para llevar a efecto el propósito de la comunicación.

(B) Sujeto a lo dispuesto en esta Regla, el o la paciente -sea o no parte en el pleito o acción- tiene el privilegio de rehusar revelar, y de impedir que otra persona revele, una comunicación confidencial habida entre el o la paciente y su médico si uno u otro razonablemente creían que la comunicación era necesaria para permitir el diagnóstico o ayudar en un diagnóstico de la condición del o de la paciente o para prescribir o darle tratamiento. El privilegio puede ser invocado no sólo por quien lo posee –que es el o la paciente- sino también por una persona autorizada para ello en beneficio del o de la paciente. También puede ser invocado por el o la médico a quien se hizo la comunicación confidencial, si éste o ésta lo invoca a nombre de y para beneficio de su paciente.

(C) No existe privilegio bajo esta Regla si:

(1) La cuestión en controversia concierne a la condición del o de la paciente, sea una acción para recluirle o ponerle bajo custodia por razón de alegada incapacidad mental o una acción en la que el o la paciente trata de establecer su capacidad.

(2) Los servicios del médico fueron solicitados u obtenidos para hacer posible o ayudar a cometer o planear la comisión de un delito o fraude.

(3) El procedimiento es de naturaleza criminal.

(4) El procedimiento es una acción civil para recobrar daños con motivo de conducta del o de la paciente y se demuestra justa causa para revelar la comunicación.

(5) El procedimiento es sobre una controversia relacionada con la validez de un alegado testamento del o de la paciente.

(6) La controversia es entre partes que derivan sus derechos del o de la paciente, ya sea por sucesión testada o intestada.

(7) La comunicación es pertinente a una controversia basada en el incumplimiento de los deberes mutuos que surgen de la relación médico y paciente.

(8) Se trata de una acción en que la condición del o de la paciente constituye un elemento o factor de la reclamación o defensa del o de la paciente, o de cualquier persona que reclama al amparo del derecho del o de la paciente o a través de éste o ésta, o como beneficiario del o de la paciente en virtud de un contrato en el cual él o ella es o fue parte.

(9) La persona poseedora del privilegio hizo que quien es el o la médico, su agente, empleada o empleado declarara en una acción respecto a cualquier materia que vino en conocimiento del o de la médico, su agente, empleada o empleado por medio de la comunicación.

(10) La comunicación es pertinente a una controversia relacionada con un examen médico ordenado por el Tribunal al o la paciente, sea éste o ésta parte o testigo en el pleito.

(Febrero 9, 2009, 2009TSPR035, Regla 506; Julio 30, 2009, Núm. 46, art. 1, efectiva el 1 de enero de 2010.)

Notas Importantes
Anotaciones Anteriores de la Regla 26.

-"Cuando se llama al psicoterapeuta del menor, a testificar en el pleito sobre su custodia, el tribunal debe determinar, en primer lugar, si dicho profesional fue nombrado por el tribunal o contratado por las partes para evaluar al menor **con el fin de testificar en el juicio**, o si fue contratado privadamente **para ofrecer tratamiento al menor**. En el primer caso, no existe la expectativa de confidencialidad, puesto que la evaluación se hace con el propósito de que el perito emita una opinión ante el foro sentenciador. Esa comunicación no es privilegiada y en esas condiciones, el testimonio del psicoterapeuta no resulta detrimental a los mejores intereses del menor. Además, si el perito es designado por el tribunal, su testimonio no es privilegiado de acuerdo a la décima excepción establecida en la Reglas (C)(10), supra." Ortiz García V. Meléndez Lugo, 2005TSPR019, (2005); 164 D.P.R. 16, (2005).

-"Si el perito es contratado privadamente con el fin de brindar tratamiento al menor, se establece una relación protegida estatutariamente por la Regla 26 de Evidencia y surge el privilegio médico-paciente en su vertiente psicoterapeuta-paciente. Este privilegio es exclusivo del menor que recibe el tratamiento y no del psicoterapeuta que lo atiende ni de sus padres." Ortiz García v. Meléndez Lugo, 2005TSPR019, (2005); 164 D.P.R. 16, (2005).

"El privilegio médico-paciente, "puede ser invocado no sólo por su poseedor, **el paciente**, sino también por **una persona autorizada** para invocarlo en beneficio del paciente, o por **el médico** a quien se hizo la comunicación confidencial, si éste lo invoca a nombre de y para beneficio del paciente." Regla 26(B) de Evidencia, supra, énfasis nuestro. Por tanto, en el caso que nos ocupa, tratándose de un menor, pueden invocar el privilegio el psicoterapeuta y los padres con custodia del menor, por ser "personas autorizadas" para invocar el privilegio a nombre de éste." 2005 DTS 019 Ortiz García v. Meléndez Lugo, 2005TSPR019, (2005); 164 D.P.R. 16, (2005).

-"Si bien el psicoterapeuta puede invocar el privilegio a nombre de su paciente, no tiene el poder de decidir si testifica o no." 2005 DTS 019 Ortiz García v. Meléndez Lugo, 2005TSPR019

-"En apoyo a nuestra política pública de protección a los mejores intereses del menor, debe reconocerse que el privilegio médico-paciente impide el testimonio de la doctora Delgado en este caso. No están presentes en esta controversia ninguna de las excepciones establecidas en la Regla 26(C) y el privilegio lo han invocado el padre del menor y su psicoterapeuta. Al oponerse a que se violente la confidencialidad de la relación de su hijo con la psicoterapeuta, lo que ha hecho el recurrido, señor Meléndez Lugo, es reclamar este privilegio a nombre de su hijo. De igual forma, en su carta la doctora Delgado también reclama la confidencialidad del tratamiento en beneficio de su paciente. Por tanto, amparados en nuestro poder de *parens patriae* determinamos que en este caso se ha invocado correctamente el privilegio-médico paciente en su vertiente de psicoterapeuta-cliente." 2005 DTS 019 <u>Ortiz García V. Meléndez Lugo</u> 2005TSPR019, (2005); 164 D.P.R. 16, (2005).

-No existe el privilegio médico-paciente en casos de daños y perjuicios por impericia profesional médica. <u>Rivera Alejandro v. Algarín López</u>, 112 D.P.R. 830, (1982)

Regla 507. Relación consejera o consejero y víctima de delito (32 L.P.R.A. AP VI Regla 507)

(A) Según usadas en esta Regla, las siguientes expresiones tendrán el significado que a continuación se indica:

(1) *Consejera o consejero:* Toda persona autorizada, certificada o licenciada por el Estado Libre Asociado de Puerto Rico para realizar funciones de consejería, orientación, consultoría, funciones terapéuticas o cualquier persona empleada o voluntaria bajo la supervisión de un centro de ayuda y consejería que brinde tratamiento y ayuda a víctimas de delito.

(2) *Víctima:* Persona que ha sufrido daño emocional o psicológico como consecuencia de la comisión de un delito y que acude a una consejera o consejero o a un centro de ayuda y consejería para obtener asistencia o tratamiento.

(3) *Comunicación confidencial:* Aquélla habida entre la víctima de delito y su consejera o consejero, ya fuere en privado o ante una tercera persona cuya presencia es necesaria para que se establezca comunicación entre la víctima y quien brinda consejería o para facilitar los servicios de consejería que necesita la víctima, cuando tal información se divulga durante el curso del tratamiento que ofrece la consejera o el consejero para atender una condición emocional o psicológica de la víctima producida por la comisión del delito y que se hace bajo la confianza de que ésta no será divulgada a terceras personas.

(4) *Centro de ayuda y consejería:* Cualquier persona o entidad privada o gubernamental que tiene como uno de sus principales propósitos ofrecer tratamiento y ayuda a las víctimas de delito.

(5) *Consejería:* La asistencia, el diagnóstico o tratamiento ofrecido a la víctima para aliviar los efectos adversos, emocionales o psicológicos causados a consecuencia de la comisión del delito. Incluye, pero no está limitada a, tratamiento en periodo de crisis emocional o mental.

(B) Sujeto a lo dispuesto en esta Regla, toda víctima de delito -sea o no parte en el pleito o acción- tiene el privilegio de rehusar revelar, y de impedir que otra persona revele una comunicación confidencial entre la víctima y la consejera o consejero, si cualquiera de ellos razonablemente creía que la comunicación era necesaria para el tratamiento y la ayuda requerida. El privilegio puede ser invocado no sólo por quien lo posee, sino también por una persona autorizada por la víctima, su representante legal o por la consejera o consejero a quien se hizo la comunicación.

(C) Sujeto a lo dispuesto en esta Regla, ni la consejera o consejero ni la víctima -sean o no parte en el pleito o acción- podrán ser requeridos para que informen el nombre, dirección, localización o número telefónico de una casa de auxilio, refugio u otra entidad que brinde refugio temporero a víctimas de delito, a menos que la entidad en cuestión sea parte en la acción.

(D) El hecho de que una víctima testifique en el Tribunal acerca del delito no constituye una renuncia del privilegio.

(1) No obstante lo anterior, si como parte de este testimonio la víctima revela parte de la comunicación confidencial, se entenderá que renuncia al privilegio en cuanto a esa parte del testimonio solamente.

(2) Cualquier renuncia al privilegio se extenderá únicamente a aquello que sea necesario para responder a las preguntas que formule la abogada o el abogado concernientes a la comunicación confidencial y que sean relevantes a los hechos y circunstancias del caso.

(E) La víctima no podrá renunciar al privilegio por medio de su abogada o abogado. No obstante lo anterior, si la víctima insta acción por impericia profesional contra la consejera o el consejero o contra el centro de ayuda y consejería en el cual la persona consejera está empleada o sirve como voluntaria bajo supervisión, dicha persona podrá declarar sin sujeción al privilegio y no será responsable por tal declaración.

(Febrero 9, 2009, 2009TSPR035, Regla 507; Julio 30, 2009, Núm. 46, art. 1, efectiva el 1 de enero de 2010.)

Notas Importantes
Anotaciones Anteriores de la Regla 26A

-La mencionada Regla 26-A fue incorporada a las Reglas de Evidencia mediante la Ley Núm. 30 de 19 de junio de 1987 (32 L.P.R.A. Ap. IV). Como correctamente señala el Procurador General en el recurso que ante este Tribunal radicara en el presente caso, la "Exposición de Motivos" de la mencionada Ley Núm. 30 recoge el sentir del legislador al elevar, a rango de privilegio, la comunicación entre la víctima de delito y su "consejero profesional". Rodríguez Del Valle v. Corcelles, 135 D.P.R. 834, (1994)

Regla 508. Privilegio de psicoterapeuta y paciente (32 L.P.R.A. AP VI Regla 508)

(A) Según usadas en esta Regla, las siguientes expresiones tendrán el significado que a continuación se indica:

(1) *Psicoterapeuta:* Persona autorizada o a quien el o la paciente razonablemente cree que está autorizada a ejercer, en Puerto Rico o en cualquier otra jurisdicción la medicina, o la psicología; para diagnosticar o tratar una condición mental o emocional de la persona paciente, incluyendo la drogadicción o el alcoholismo.

(2) *Paciente:* Persona que consulta o es examinada o entrevistada por otra que es psicoterapeuta.

(3) *Comunicación Confidencial:* Aquélla que se hace sin el propósito de que sea divulgada a terceras personas que no sean:

(a) aquellas personas presentes cuando se hace la comunicación y cuya presencia tiene el propósito de adelantar los intereses del o de la paciente en la consulta, examen o entrevista, o

(b) aquellas personas razonablemente necesarias para la transmisión de la comunicación, o

(c) aquellas personas que están participando en el diagnóstico y tratamiento bajo la dirección de quien es psicoterapeuta, incluyendo a familiares del o de la paciente.

(B) El o la paciente tiene el privilegio de rehusar revelar, y de impedir que otra persona revele, una comunicación confidencial hecha para propósitos de diagnóstico o tratamiento de su condición mental o emocional, incluyendo la drogadicción o el alcoholismo, efectuada entre el o la paciente, su psicoterapeuta u otras personas que están participando en el diagnóstico o tratamiento bajo la dirección de quien es psicoterapeuta, incluyendo a familiares del o de la paciente.

(C) El privilegio puede ser invocado por el o la paciente, por su tutora, tutor, defensora o defensor judicial o por quien representa al o la paciente que falleció. La persona que actuó como psicoterapeuta puede invocar el privilegio pero sólo en representación del o de la paciente y su autoridad para invocarlo se presumirá, en ausencia de evidencia contrario.

(D) No existe el privilegio bajo esta Regla si:

(1) Las comunicaciones son pertinentes a una controversia en un procedimiento para hospitalizar al o la paciente por razón de enfermedad mental, si quien es psicoterapeuta en el curso del diagnóstico o tratamiento ha determinado que el o la paciente requiere hospitalización.

(2) Un Tribunal ordena un examen de la condición mental o emocional del o de la paciente.

(3) Las comunicaciones son pertinentes a una controversia material sobre la condición mental o emocional del o de la paciente, en cualquier procedimiento en el cual éste o ésta invoca dicha condición como un elemento de su reclamación o defensa. Esta excepción no aplica cuando el o la paciente es alguien menor de edad a quien el o la psicoterapeuta le brinda o le ha brindado servicios de diagnóstico o tratamiento y el privilegio lo invoca una persona autorizada en beneficio del o de la paciente.

(Febrero 9, 2009, 2009TSPR035, Regla 508; Julio 30, 2009, Núm. 46, art. 1, efectiva el 1 de enero de 2010.)

Regla 509. Privilegio del cónyuge testigo (32 L.P.R.A. AP VI Regla 509)

(A) Una persona casada tiene el privilegio de no testificar contra su cónyuge en ningún procedimiento.

(B) Una persona casada, cuyo cónyuge es una parte en cualquier procedimiento, tiene el privilegio de no ser llamada a declarar como testigo en ese procedimiento por una parte adversa, sin su previo expreso consentimiento, a no ser que la parte que la llama lo haga de buena fe, sin conocimiento de la relación conyugal.

(C) Una persona casada no tiene el privilegio reconocido en los incisos (A) y (B) de esta Regla en:

(1) Un procedimiento instado por o en nombre de un cónyuge contra otro.

(2) Un procedimiento para recluir a cualquiera de los cónyuges o de otra forma poner a su persona o a su propiedad, o ambos, bajo el control de otra persona, por motivo de su alegada condición mental o física.

(3) Un procedimiento instado por o a nombre de cualquiera de los cónyuges para establecer su capacidad.

(4) Un procedimiento bajo la Ley de Menores o de custodia de menores relacionado con menor de edad que es hija o hijo de uno o de ambos cónyuges.

(5) Un procedimiento criminal en el cual uno de los cónyuges es acusada o acusado de:

(a) Un delito cometido contra la persona o la propiedad del otro cónyuge o de una hija o un hijo de cualquiera de los dos.

(b) Un delito contra la persona o la propiedad de una tercera persona mientras cometía un delito contra la persona o propiedad del otro cónyuge.

(c) Bigamia o adulterio.

(d) Incumplimiento de la obligación alimentaria de una hija o un hijo de cualquiera de los cónyuges.

(D) Renuncia al privilegio

(1) Salvo que hubiera sido erróneamente compelida a hacerlo, una persona casada que testifica en un procedimiento en el que es parte su cónyuge, o que testifica contra su cónyuge en cualquier procedimiento, no tiene el privilegio reconocido en esta Regla en el procedimiento en el que presta ese testimonio. Para que se produzca una renuncia válida de acuerdo con este inciso, la persona casada

debe ser advertida previamente por las autoridades pertinentes de la existencia del privilegio y de su derecho a invocarlo.

(2) No existe el privilegio bajo esta Regla en una acción civil instada o defendida por una persona casada para el beneficio inmediato de su cónyuge o de ambos.

(Febrero 9, 2009, 2009TSPR035, Regla 509; Julio 30, 2009, Núm. 46, art. 1, efectiva el 1 de enero de 2010.)

Notas Importantes
Anotaciones Anteriores de la Regla 27

-"La Regla 27 de Evidencia, ante, establece y regula dos (2) modalidades del privilegio marido-mujer: a saber, (1) la regla de exclusión de comunicaciones confidenciales entre los cónyuges y (2) la regla de exclusión mejor conocida como la doctrina de incapacidad testifical o competencia testifical." Pueblo v. De Jesús Delgado, 2001TSPR176, (2001); 155 D.P.R. 930, (2001).

-"La Asamblea Legislativa adicionó este privilegio específico de "incapacidad testifical" al proyecto original sobre las nuevas Reglas de Evidencia del 1979, propuesta por este Tribunal, por razones de política pública y para conservar la institución del matrimonio. Pueblo En Interés Del Menor L.R.R., 125 D.P.R. 78, 84 (1989). La enmienda introducida y aprobada por la Legislatura, mediante el Inciso (B) de la mencionada Regla 27, tuvo el efecto de alterar o cambiar la norma que regía en cuanto a cuál de los cónyuges era el poseedor del privilegio." Pueblo v. De Jesús Delgado, , 2001TSPR176, (2001); 155 D.P.R. 930, (2001).

-La Regla 27 de Evidencia, 32 L.P.R.A. Ap. IV, establece dos (2) modalidades del privilegio marido-mujer: (1) la Regla de exclusión de comunicaciones confidenciales entre los cónyuges y (2) la doctrina de incapacidad testifical, que permite a una persona no declarar contra su cónyuge. La segunda modalidad no estaba incluida en el proyecto de reglas de evidencia sometido por el Tribunal Supremo a la Legislatura, pero la Asamblea Legislativa la aprobó como la Regla 27(B) de Evidencia, 32 L.P.R.A. Ap. IV. Pueblo en Interés del Menor L.R.R., 125 D.P.R. 78, (1989)

-Las excepciones a la Regla 27(D) de Evidencia, 32 L.P.R.A. Ap. IV, incluso la relativa a procedimiento bajo la Ley de Menores de Puerto Rico, son producto del ejercicio de la prerrogativa de la Asamblea Legislativa en materia de privilegios. Los tribunales no deben intervenir con tal determinación legislativa sobre excepciones a la aplicación de un privilegio. Pueblo en Interés del Menor L.R.R., 125 D.P.R. 78, (1989)

-Las excepciones al privilegio marido-mujer establecidas en la Regla 27(D) de Evidencia, 32 L.P.R.A. Ap. IV, se aplican tanto a la regla de exclusión de comunicaciones confidenciales, Regla 27(A), 32 L.P.R.A. Ap. IV, como a la regla de imposibilidad testifical, Regla 27(B), 32 L.P.R.A. Ap. IV. Pueblo en Interés del Menor L.R.R., 125 D.P.R. 78, (1989)

Regla 510. Privilegio de las comunicaciones confidenciales matrimoniales (32 L.P.R.A. AP VI Regla 510)

(A) *Comunicación confidencial entre cónyuges*: Aquélla habida privadamente sin intención de transmitirla a una tercera persona y bajo la creencia de que la comunicación no sería divulgada.

(B) Sujeto a lo dispuesto en la Regla 517, sobre renuncia a privilegios de comunicaciones confidenciales, un cónyuge, o su tutora o tutor -si lo tuviera- sea o no parte en el procedimiento, tiene el privilegio de negarse a divulgar o impedir que otra persona divulgue, durante la vigencia y luego del matrimonio, una comunicación confidencial habida entre los cónyuges, hecha mientras estaban casados.

(C) No existe el privilegio bajo esta Regla cuando la comunicación:

(1) Fue hecha, total o parcialmente, con el propósito de cometer o ayudar a cometer o planificar la comisión de un delito, fraude o acto torticero.

(2) Se ofrece en un procedimiento para recluir a cualquiera de los cónyuges o de otra forma poner a su persona o a su propiedad, o ambos, bajo el control de otra persona por motivo de su alegada condición mental o física.

(3) Se ofrece en un procedimiento instado por o a nombre de cualquiera de los cónyuges con el propósito de establecer su capacidad.

(4) Se ofrece en un procedimiento instado por o a nombre de un cónyuge contra el otro.

(5) Se ofrece en un procedimiento entre quien es cónyuge sobreviviente y una persona que reclama a través del cónyuge que falleció, independientemente de si se trata de una sucesión testada o intestada o de una transacción entre vivos.

(6) Se ofrece en un procedimiento en el que a uno de los cónyuges se le acusa por:

(a) Un delito cometido contra la persona o la propiedad del otro cónyuge o de una hija o un hijo de cualquiera de los dos.

(b) Un delito cometido contra la persona o la propiedad de una tercera persona mientras cometía un delito contra la persona o propiedad del otro cónyuge.

(c) Bigamia o adulterio.

(d) Incumplimiento de la obligación alimentaria en relación con una hija o un hijo de cualquiera de los cónyuges.

(7) Se ofrece en un procedimiento bajo la Ley de Menores o de custodia de menores relacionado con menor de edad que es hija o hijo de uno o de ambos cónyuges.

(8) Se ofrece en una acción penal por la persona acusada, quien es uno de los cónyuges entre los cuales se hizo la comunicación.

(Febrero 9, 2009, 2009TSPR035, Regla 510; Julio 30, 2009, Núm. 46, art. 1, efectiva el 1 de enero de 2010.)

Regla 511. Relación religiosa o religioso y creyente (32 L.P.R.A. AP VI Regla 511)

(A) Según usadas en esta Regla, las siguientes expresiones tendrán el significado que a continuación se indica:

(1) *Religiosa o Religioso:* Sacerdote, pastora, pastor, ministra, ministro, rabino, practicante de una religión, funcionaria o funcionario similar de una iglesia, secta o denominación religiosa o de cualquier organización religiosa.

(2) *Creyente:* Persona que le hace una comunicación penitencial o confidencial a una religiosa o un religioso.

(3) *Comunicación penitencial o confidencial:* Aquélla hecha por una persona creyente, en confidencia, sin la presencia de una tercera persona, a una que es religiosa y quien, en el curso de la disciplina o la práctica de su iglesia, secta, denominación u organización religiosa, está autorizada o acostumbrada a oír tales comunicaciones y que bajo tal disciplina tiene el deber de mantenerlas en secreto.

(B) Una religiosa o un religioso, o una persona creyente, sea o no parte en el pleito, tiene el privilegio de rehusar revelar una comunicación penitencial o confidencial o impedir que otra persona la divulgue.

(Febrero 9, 2009, 2009TSPR035, Regla 511; Julio 30, 2009, Núm. 46, art. 1, efectiva el 1 de enero de 2010.)

Notas Importantes
Anotaciones

-En cuanto a las que eran menores, el Tribunal de Primera Instancia debe ordenar la divulgación de la información a la fiscalía, bajo los estándares más estrictos de confidencialidad. Obispo de la Iglesia Católica v. Secretarios de Justicia, 2014TSPR86, (2014); 191 D.P.R. 292, (2014).

-En el caso de las que al momento de la denuncia tenían dieciocho años de edad o más, el foro debe analizar primero, como asunto de umbral, cuáles expedientes, si alguno, contienen comunicaciones privilegiadas al amparo de la Regla 511 de Evidencia, 32 LPRA Ap. VI. Aquellas comunicaciones que se hayan manifestado durante el sacramento de la confesión deben excluirse por estar protegidas por el privilegio. Obispo de la Iglesia Católica v. Secretarios de Justicia, 2014TSPR86, (2014); 191 D.P.R. 292, (2014).

-En ambas instancias -sean las posibles víctimas mayores o menores de edad- no se entregará al Estado ningún documento o porción de este referente a "cómo la Iglesia Católica y/o las personas que atendieron estos asuntos resolvieron los mismos". Obispo de la Iglesia Católica v. Secretarios de Justicia, 2014TSPR86, (2014); 191 D.P.R. 292, (2014).

Regla 512. Voto político (32 L.P.R.A. AP VI Regla 512)

Toda persona tiene el privilegio de no divulgar la forma en que votó en una elección política, a menos que se determinare que dicha persona hubiera votado ilegalmente.

(Febrero 9, 2009, 2009TSPR035, Regla 512; Julio 30, 2009, Núm. 46, art. 1, efectiva el 1 de enero de 2010.)

Notas Importante
Anotaciones Anteriores de la Regla 29

-Como medida procesal para garantizar la secretividad del voto, la Regla 29 de Evidencia, 32 L.P.R.A. Ap. IV, establece el privilegio de no divulgación del voto político. Granados Navedo v. Rodríguez Estrada, 124 D.P.R. 1, (1989)

-En conformidad con el privilegio establecido en la Regla 29 de Evidencia, 32 L.P.R.A. Ap. IV, ningún elector que haya emitido su voto legalmente puede ser obligado a testificar en corte con relación al contenido de su voto. Si el elector emitió su voto de manera ilegal, dicho privilegio no le es de aplicación, por lo que se puede presentar prueba en cuanto al contenido de su voto. Granados Navedo v. Rodríguez Estrada, 124 D.P.R. 1, (1989)

Regla 513. Secretos del negocio (32 L.P.R.A. AP VI Regla 513)

La dueña o el dueño de un secreto comercial o de negocio tiene el privilegio -que podrá ser invocado por ella o por él o por la persona que es su agente o empleada- de rehusar divulgarlo y de impedir que otra persona lo divulgue, siempre que ello no tienda a encubrir un fraude o causar una injusticia. Si fuere ordenada su divulgación, el Tribunal deberá tomar aquellas medidas necesarias para proteger los intereses de la dueña o del dueño del secreto comercial, de las partes y de la justicia.

(Febrero 9, 2009, 2009TSPR035, Regla 513; Julio 30, 2009, Núm. 46, art. 1, efectiva el 1 de enero de 2010.)

Notas Importantes
Anotaciones

-La aplicación del privilegio dependerá de si está clasificado como absoluto o condicional. Un privilegio se denomina absoluto porque una vez se cumplen los requisitos que lo constituyen, los tribunales carecen de discreción para obligar a divulgar la información privilegiada. … Por otro lado, los privilegios condicionales son aquellos cuya aplicación puede ceder ante intereses sociales, aunque se cumpla con los requisitos que lo constituyen. Ponce Advance v. Santiago González, 2017TSPR54, (2017); 197 D.P.R. 891, (2017).

-Si el reclamo de un privilegio se propugna de manera genérica, vaga o mediante planteamientos estereotipados, sin cumplir con las cinco exigencias pormenorizadas, el tribunal puede denegar la objeción y ordenar la producción de la información. … Este no viene obligado a realizar su propia búsqueda para precisar si en efecto existe evidencia privilegiada. Ponce Advance v. Santiago González, 2017TSPR54, (2017); 197 D.P.R. 891, (2017).

-Esta regla de evidencia reconoce el privilegio de secretos del negocio y su propósito es "proteger el sistema de libre empresa al disponer que los dueños de secretos comerciales pueden rehusar divulgar, o impedir que otro divulgue, secretos importantes sobre su comercio o negocio, siempre y cuando ello no tienda a encubrir un fraude o causar una injusticia". Secretariado de la Conferencia Judicial, Informe de las Reglas de Derecho Probatorio, 2007, pág. 287. En esencia, este privilegio protege la información comercial de carácter confidencial. Su reconocimiento se cimienta en consideraciones de política pública dirigidas a fomentar la innovación, la producción comercial y el mejoramiento operacional empresarial que, a su vez, contribuyen al desarrollo económico y tecnológico. Ponce Advance v. Santiago González, 2017TSPR54, (2017); 197 D.P.R. 891, (2017).

-La redacción de la Regla 513 de Evidencia, supra, es idéntica a la codificación del privilegio de secretos del negocio que propuso el *Advisory Committee* del Tribunal Supremo de Estados Unidos para las Reglas Federales de Evidencia que, eventualmente, fue rechazada por el Congreso. No obstante, aunque el Congreso no dio paso a esa propuesta que hubiese estatuido la Regla 508 federal de evidencia, los tribunales federales han reconocido la existencia del privilegio bajo principios del *commonlaw*. Ponce Advance v. Santiago González, 2017TSPR54, (2017); 197 D.P.R. 891, (2017).

-La Regla 513 de Evidencia, supra, no define qué es un secreto del negocio o comercial. Esto se debe a que existe consenso en que la explicación de lo que constituye un secreto del negocio recae en el derecho sustantivo comercial. Ponce Advance v. Santiago González, 2017TSPR54, (2017); 197 D.P.R. 891, (2017).

-Tanto de la legislación especial para la protección de secretos comerciales como del ordenamiento probatorio se desprende que la protección que concede el privilegio sobre este tipo de información no es categórica o incondicional. El privilegio puede ser superado si se invoca para encubrir un fraude o si su empleo causa una injusticia porque la parte que solicita el descubrimiento tiene una necesidad sustancial de la información privilegiada. Regla 513 de Evidencia, supra. Por consiguiente, aunque se conceda su aplicación, el tribunal puede "recurrir a un 'justo medio' para permitir la divulgación de la materia protegida en forma limitada". Ponce Advance v. Santiago González, 2017TSPR54, (2017); 197 D.P.R. 891, (2017).

-El proceso adecuado para su invocación. Para entrar en el ámbito de protección del privilegio de secretos del negocio, la parte proponente deberá cursar a la parte que procura su divulgación una comunicación en la cual: (1) objete la producción de la información privilegiada tan pronto la otra parte solicite su producción; (2) indique específicamente los documentos, las comunicaciones o los objetos requeridos que designa como secreto comercial; (3) señale con particularidad los hechos precisos que dan lugar a que esa materia sea catalogada como un secreto comercial; (4) fundamente con claridad que de esa información se deriva un valor económico o una ventaja comercial demostrable, que no es conocida generalmente o verificable fácilmente por terceros, especialmente por competidores, y que ha sido objeto de medidas razonables de seguridad para mantener su confidencialidad; y, por último, (5) describa la naturaleza de la evidencia no producida de forma tal que, sin ser revelada, permita a las partes y, eventualmente, al tribunal evaluar su reclamación. Ponce Advance v. Santiago González, 2017TSPR54, (2017); 197 D.P.R. 891, (2017).

Anotaciones Anteriores de la Regla 30

-Como norma general, en casos en que un patrono solicite que los empleados de otro patrono terminen su relación laboral con éste, con el propósito de obtener sus servicios, si la relación contractual con la que se interfiere es terminable a voluntad de las partes, el tercero que interfiere no será responsable en una acción en daños y perjuicios por interferencia culposa. No obstante, el patrono puede estar sujeto a responder si con su actuación causa daños relacionados con los secretos del negocio, patentes y asuntos similares. Esto se hará teniendo presente que, en los casos en que proceda, la responsabilidad impuesta al tercero no puede convertirse en mecanismo colateral para menoscabar el derecho constitucional de todo trabajador a escoger y renunciar libremente a su ocupación. Dolphin International v. Ryder Truck Lines, 127 D.P.R. 869, (1991).

-"… el insistir en que la información solicitada fuese rendida por escrito y enviada al demandado por correo--a pesar de la oferta de la demandante de facilitar al Inspector los medios de cotejar la misma-- convirtió el requerimiento en uno irrazonable. Con ello se obligaba a la demandante a revelar secretos del negocio o información confidencial, tal como el nombre de los compradores de café en el extranjero y los costos de producción.") Cooperativa Cafeteros v. Colón Torres, 84 D.P.R. 278, (1961).

Regla 514. Privilegio sobre información oficial (32 L.P.R.A. AP VI Regla 514)

(A) Según usada en esta Regla, "información oficial" significa aquélla adquirida en confidencia por una persona que es funcionaria o empleada pública en el desempeño de su deber y que no ha sido oficialmente revelada ni está accesible al público hasta el momento en que se invoca el privilegio.

(B) Una persona que es funcionaria o empleada pública tiene el privilegio de no divulgar una materia por razón de que constituye información oficial. No se admitirá evidencia sobre la misma si el Tribunal concluye que la materia es información oficial y su divulgación está prohibida por ley, o que divulgar la información en la acción sería perjudicial a los intereses del gobierno.

(Febrero 9, 2009, 2009TSPR035, Regla 514; Julio 30, 2009, Núm. 46, art. 1, efectiva el 1 de enero de 2010.)

Notas Importantes
Anotaciones Anteriores de la Regla 31.

-En un procedimiento judicial un reclamo de confidencialidad del Gobierno debe resolverse conforme con la Regla 31 de Evidencia. López Vives v. Policía De P.R., 118 D.P.R. 219, (1987)

-El Gobierno puede reclamar, con posibilidad de éxito, la secretividad de cierta información sólo en un limitado número de supuestos, a saber, cuando: (1) una ley así lo declara; (2) la comunicación está protegida por alguno de los privilegios evidenciarios que pueden invocar los ciudadanos; (3) revelar la información puede lesionar derechos fundamentales de terceros; (4) se trata de la identidad de un confidente (Regla 32 de Evidencia), y (5) sea información oficial conforme la Regla 31 de Evidencia. López Vives v. Policía de P.R., 118 D.P.R. 219, (1987)

-Un ciudadano tiene derecho a examinar, ante un tribunal administrativo apelativo, en una etapa significativa del procedimiento un informe sobre su persona que fue el fundamento principal para una decisión en su contra. López Vives v. Policía de P.R., 118 D.P.R. 219, (1987)

-Cuando el Estado reclama el privilegio de información oficial bajo la Regla 31 de Evidencia debe primeramente determinarse si la información fue adquirida en confidencia por un funcionario o empleado público en el desempeño de su deber para luego someterla a un estricto balance de intereses. López Vives v. Policía de P.R., 118 D.P.R. 219, (1987)

-Ante un reclamo de confidencialidad por parte del Estado, el balance de intereses requerido por la Regla 31(B) de Evidencia debe realizarse en forma estricta a favor del reclamante de la solicitud y en contra del privilegio reconocido en dicha regla. Para que el Estado prevalezca, éste debe presentar prueba y demostrar la existencia de intereses apremiantes de mayor jerarquía que los valores protegidos por el derecho de libertad de información de los ciudadanos. López Vives v. Policía de P.R., 118 D.P.R. 219, (1987)

-Ante un reclamo de privilegio de información oficial bajo la Regla 31 de Evidencia, un tribunal administrativo debe considerar: la naturaleza y contenido del documento y el efecto de la divulgación sobre los intereses del Estado, cuál es la práctica de la agencia al recibir la información, quién tiene acceso a ellos y qué uso generalmente tienen, las consecuencias de la divulgación sobre la vida privada y la seguridad de terceros. La determinación de confidencialidad deberá ser confrontada con el interés público en la divulgación. López Vives v. Policía de P.R., 118 D.P.R. 219, (1987)

-Ante un reclamo de privilegio de información oficial bajo la Regla 31 de Evidencia, en el foro administrativo, corresponde inicialmente a los tribunales administrativos adoptar las medidas pertinentes para facilitar el acceso a los documentos, tomando en consideración en cada caso los intereses públicos y privados. Por la importancia de los derechos envueltos, los tribunales tienen una obligación especial de ser particularmente cuidadosos en revisar estas determinaciones de los tribunales administrativos para proteger a los ciudadanos de decisiones arbitrarias y caprichosas que menoscaban el derecho constitucional al acceso a la información. López Vives v. Policía de P.R., 118 D.P.R. 219, (1987)

-Ante la hermética resistencia del Estado a viabilizar el derecho de acceso a información, corresponde a los tribunales franquear el camino tomando en consideración, por supuesto, los intereses públicos y privados envueltos en la situación, y adoptando todas las medidas necesarias para conseguir los fines legítimos que persigue la reglamentación invocada por el Estado a favor de la confidencialidad. López Vives v. Policía de P.R., 118 D.P.R. 219, (1987)

-En ausencia de un estatuto integral que provea normas y requisitos para la retención de información gubernamental dentro de nuestro particular marco constitucional, que es la situación presente en Puerto Rico, debe acudirse supletoriamente a la Regla 31 de Evidencia sobre información oficial. Santiago v. Bobb y El Mundo, Inc., 117 D.P.R. 153, (1986)

-La Regla 31 de Evidencia, aunque limitadamente, es un reflejo del sentir del Poder Legislativo y su propósito es evitar que se lesione el interés público por indebida divulgación de lo que hasta entonces es información confidencial. Santiago v. Bobb y El Mundo, Inc., 117 D.P.R. 153, (1986)

-La jurisprudencia interpretativa de la Sec. 1040 del Código de Evidencia de California, que sirve como antecedente a nuestra Regla 31, es persuasiva en nuestra jurisdicción con relación a la interpretación de dicha Regla 31. Santiago v. Bobb y El Mundo, Inc., 117 D.P.R. 153, (1986)

-Cuando ante un requerimiento de prueba se hace un reclamo de información oficial privilegiada, debe indagarse si el peticiónario ha cumplido con los requisitos estatutarios requeridos para el descubrimiento de prueba y si la información fue adquirida en confidencia (bajo la Regla 31 de Evidencia). De ser afirmativa la determinación sobre confidencialidad, el tribunal debe sopesar los intereses en conflicto a fin de resolver si aplica o no el privilegio de información oficial. Santiago v. Bobb y El Mundo, Inc., 117 D.P.R. 153, (1986)

-Cuando una ley prohíbe la diseminación de información oficial, no es necesario hacer el balance de intereses para determinar si se aplica el privilegio. Cuando el privilegio es condicional, el balance de intereses que requiere la Regla 31(b) debe realizarse en forma estricta a favor del reclamante de la solicitud y en contra del privilegio. Santiago v. Bobb y El Mundo, Inc., 117 D.P.R. 153, (1986)

-La confidencialidad de cierta información solicitada cuando se aduce el privilegio de información oficial, debe determinarse por los tribunales mediante un análisis de la totalidad de las circunstancias que rodean la comunicación así como su propia naturaleza. En esa gestión el tribunal puede hacer un examen en cámara de los documentos o información que el Estado alega son privilegiados como condición previa al reconocimiento del privilegio. Santiago v. Bobb y El Mundo, Inc., 117 D.P.R. 153, (1986)

-Un ex funcionario público tiene capacidad para invocar el privilegio de información oficial bajo la Regla 31 de Evidencia si la información fue recibida por él mientras ocupaba el cargo público. Santiago v. Bobb y El Mundo, Inc., 117 D.P.R. 153, (1986)

-El privilegio de información oficial le pertenece al Estado y no cesa automáticamente con la renuncia del funcionario que recibió la información oficial confidencial. Santiago V. Bobb y El Mundo, Inc., 117 D.P.R. 153, (1986)

-La evidencia acumulada en el sumario fiscal como parte de una investigación criminal es, como regla general, información oficial cuya secretividad debe mantenerse. Santiago v. Bobb y El Mundo, Inc., 117 D.P.R. 153, (1986)

-Cierta información recopilada en el curso de una investigación criminal goza de la confianza de que no será divulgada, al menos hasta culminar la investigación y comenzarse el proceso acusatorio público en los tribunales u otros foros. Santiago v. Bobb y El Mundo, Inc., 117 D.P.R. 153, (1986)

Regla 515. Privilegio en cuanto a la identidad de la persona informante

Una entidad pública tiene el privilegio de no revelar la identidad de una persona que ha suministrado información tendente a descubrir la violación de una ley del Estado Libre Asociado de Puerto Rico o de los Estados Unidos de América, si la información es dada en confidencia por la persona informante a una que es funcionaria del orden público, a representante de la agencia encargada de la administración o ejecución de la ley que se alega fue violada o a cualquier persona con el propósito de que la transmitiera a tal persona funcionaria o representante. Evidencia sobre dicha identidad no será admisible a menos que el Tribunal determine que la identidad de la persona que dio la información ya ha sido divulgada en alguna otra forma, o que la información sobre su identidad es esencial para una justa decisión de la controversia, particularmente cuando es esencial a la defensa de la persona acusada.

(Febrero 9, 2009, 2009TSPR035, Regla 515; Julio 30, 2009, Núm. 46, art. 1, efectiva el 1 de enero de 2010.)

Notas Importantes
Anotaciones

-El Estado invoca el privilegio en cuanto a la identidad del confidente, Regla 515 de Evidencia, infra, para proteger la identidad del ciudadano cooperador. Ante las circunstancias particulares de este caso, los foros recurridos no podían ordenarle al Ministerio Público revelar la identidad del confidente. Pueblo v. Pérez González, 2019TSPR164, (2019); 203 D.P.R. 280, (2019).

-En nuestro ordenamiento se le reconoce al Estado el privilegio de no revelar la identidad de aquellas personas que suministren información a las autoridades sobre la violación de una ley. Pueblo v. López Rivera, 91 DPR 693 (1965). Desde el 1979, nuestras reglas de evidencia han incorporado expresamente el privilegio en cuanto a la identidad del confidente, primero en la Regla 32 y actualmente en la Regla 515. 32 LPRA Ap. IV, R. 32 (derogada); 32 LPRA Ap. VI, R. 515. Ambas comparten esencialmente el mismo lenguaje y protegen la identidad del confidente siempre que la información se dé en confidencia a un funcionario del orden público, su representante, o un tercero con el propósito de que este transmita la información a las autoridades. Íd. El privilegio salvaguarda el interés público en promover que los ciudadanos compartan información sobre actividad contraria a la ley bajo la confianza de que su identidad no será revelada y su seguridad no será comprometida. Pueblo v. Pérez González, 2019TSPR164, (2019); 203 D.P.R. 280, (2019).

-El privilegio [identidad del confidente] no es absoluto y tiene que ceder cuando la identidad del confidente sea "esencial para una justa decisión de la controversia, particularmente cuando es **esencial a la defensa de la persona acusada**". 32 LPRA Ap. VI, R. 515 (énfasis suplido). Además, se limita exclusivamente a la identidad del confidente y no a la información que este brindó a las autoridades, a menos que permita identificar a la fuente. Pueblo v. Pérez González, 2019TSPR164, (2019); 203 D.P.R. 280, (2019).

-La Corte Suprema Federal [en Roviaro v. U.S. 353 US 53 (1957)] esbozó de forma general el análisis que deben hacer los tribunales cuando el Estado invoca el privilegio del confidente. Reconoció que no se justifica adoptar una norma fija respecto a la divulgación, sino que cada caso requiere hacer un balance entre el interés público en proteger el flujo de información y el derecho del acusado a preparar su defensa. Íd., pág. 62; Pueblo v. López Rivera, supra, pág. 700. Hacia dónde se inclina la balanza dependerá de las circunstancias particulares de cada caso, tomando en consideración los delitos imputados, las posibles defensas, la importancia que pueda tener el testimonio del informante y otros factores pertinentes. Pueblo v. Pérez González, 2019TSPR164, (2019); 203 D.P.R. 280, (2019).

-En síntesis, el análisis de Roviaro v. U.S., supra, exige considerar: (1) **si el informante es un mero testigo o un participante en la transacción**; (2) **si el informante es un testigo esencial**, en el sentido de que puede aportar evidencia crucial para la determinación de la responsabilidad criminal del acusado, entiéndase lo relativo a la identificación del acusado, los hechos esenciales, la verdadera naturaleza de la transacción y la aplicabilidad de alguna defensa; y (3) **si el informante es el único testigo de defensa, aparte del acusado**, quien tiene derecho a no declarar, o si es testigo del Ministerio Público. Pueblo v. Pérez González, 2019TSPR164, (2019); 203 D.P.R. 280, (2019).

Anotaciones Anteriores de la Regla 32.

-El Gobierno puede reclamar, con posibilidad de éxito, la secretividad de cierta información sólo en un limitado número de supuestos, a saber, cuando: (1) una ley así lo declara; (2) la comunicación está protegida por alguno de los privilegios evidenciarios que pueden invocar los ciudadanos; (3) revelar la información puede lesionar derechos fundamentales de terceros; (4) se trata de la identidad de un confidente

(Regla 32 de Evidencia), y (5) sea información oficial conforme la Regla 31 de Evidencia. López Vives v. Policía de P.R., 118 D.P.R. 219, (1987)

-La Regla 32 de Evidencia declara materia privilegiada los nombres de los confidentes que participan en una investigación concluida. La regla protege el nombre del confidente, pero no la información por éste ofrecida, por lo que hay que divulgarla, salvo que ello identifique la fuente. Sin embargo, en caso de que la parte afectada conozca quién es el confidente, no se justifica proteger su identidad. López Vives v. Policía De P.R., 118 D.P.R. 219, (1987)

-Cuando la solicitud de acceso a información que el Estado alega es confidencial y privilegiada, se limita a conocer el contenido de un informe o documento para poder refutarlo en un proceso administrativo, y no para publicarlo, el tribunal puede darle acceso en cámara al informe sujeto a una orden protectora (Regla 23.2 de Procedimiento Civil) de que no se divulgue su contenido so pena de desacato. López Vives v. Policía de P.R., 118 D.P.R. 219, (1987)

Regla 516. Privilegio de los procesos de métodos alternos para la solución de conflictos (32 L.P.R.A. AP VI Regla 516)

(A) Se considera privilegiada y confidencial cualquier información ofrecida y los documentos y expedientes de trabajo referentes a un proceso de método alterno para la solución de conflictos, según sea reconocido por ley o reglamento.

(B) Evidencia que sea de otra manera admisible o que esté sujeta a descubrimiento fuera de un proceso de método alterno, no será ni se convertirá en evidencia inadmisible o protegida del descubrimiento únicamente porque se ha presentado o utilizado en dicho proceso.

(C) La renuncia de este privilegio se regirá por las disposiciones que se establezcan por ley o reglamento.

(Febrero 9, 2009, 2009TSPR035, Regla 516; Julio 30, 2009, Núm. 46, art. 1, efectiva el 1 de enero de 2010.)

Regla 517. Renuncia a privilegios (32 L.P.R.A. AP VI Regla 517)

(A) Renuncia expresa

Una persona, que de otro modo tendría el privilegio de no divulgar un asunto o materia específico, o de impedir que otra persona los divulgue, no tiene tal privilegio respecto a dicho asunto o materia si el Tribunal determina que (1) esa persona, o cualquier otra mientras era la poseedora del privilegio, se obligó con otra a no invocar el privilegio, o (2) que sin haber sido coaccionada y con conocimiento del privilegio, divulgó cualquier parte del asunto o materia, o permitió tal divulgación por otra persona.

(B) Renuncia implícita

La Jueza o el Juez que preside un caso podrá admitir una comunicación de otra manera privilegiada cuando determine que la conducta de quien posee el privilegio equivale a una renuncia, independientemente de lo dispuesto en el inciso (A) de esta Regla.

(C) Esta Regla no se aplicará a los privilegios establecidos en las Reglas 501, 502 y 512.

(Febrero 9, 2009, 2009TSPR035, Regla 517; Julio 30, 2009, Núm. 46, art. 1, efectiva el 1 de enero de 2010.)

Notas Importantes
Anotaciones Anteriores de la Regla 33.

-"Somos del criterio que en relación con el contenido de la antes transcrita Regla 33 de Evidencia, el legislador se manifestó en lenguaje claro e inequívoco, no existiendo razón alguna para que este Tribunal interprete, de forma y manera distinta, lo requerido por éste a los efectos de que, de ordinario, para que se entienda renunciada la modalidad del privilegio en controversia, el dueño o poseedor del mismo debe ser advertido o informado, por las autoridades pertinentes, de su derecho al, y de la existencia del, mismo obligación con la cual el Estado no cumplió en el caso hoy ante nuestra consideración." <u>Pueblo v. De Jesús Delgado</u> 2001TSPR176, (2001); 155 D.P.R. 930, (2001).

Regla 518. Interpretación restrictiva (32 L.P.R.A. AP VI Regla 518)

Las Reglas de privilegios se interpretarán restrictivamente en relación con cualquier determinación sobre la existencia de un privilegio, a excepción de las Reglas 501, 502 y 512 relativas a privilegios de rango constitucional.

(Febrero 9, 2009, 2009TSPR035, Regla 518; Julio 30, 2009, Núm. 46, art. 1, efectiva el 1 de enero de 2010.)

Notas Importantes
Anotaciones

-La Regla 518 de Evidencia, 32 LPRA Ap. VI (2010), establece que la determinación sobre la existencia de los privilegios se hará con una interpretación restrictiva, excepto aquellos de rango constitucional. Casasnovas Balado v. USB Financial, 2017TSPR164, (2017); 198 D.P.R. 1040, (2017).

Anotaciones Anteriores de la Regla 35.

-La Regla 35 de Evidencia de 1979 proveía que los privilegios evidenciarios debían interpretarse restrictivamente "en relación a cualquier determinación sobre la existencia de un privilegio". Pueblo v. Fernández Rodríguez, 2010TSPR188, (2010); 183 D.P.R. 770, (2010)

-En el caso la Peticionaria alegó que la aplicación de la norma de interpretación restrictiva en cuanto al alcance de los privilegios, establecida en la Regla 35 de Evidencia lo prohíbe. El Tribunal resolvió en una Sentencia "que el privilegio abogado-cliente protege las comunicaciones en controversia y al permitir que el tribunal de instancia determinara que todos los documentos sometidos estaban protegidos por el privilegio, sin hacer un desglose de las comunicaciones y la razón por la cual éstas eran privilegiadas." Autopistas de Puerto Rico v. Autoridad de Carreteras 2006TSPR041, (2006); 167 D.P.R. 361, (2006).

-Es por ello que los privilegios, contenidos en la Reglas de Evidencia, se interpretan restrictivamente. Así expresamente lo establece la Regla 35 de Evidencia, ante, la cual reza: "Las Reglas 25 a 32 se interpretarán restrictivamente en relación a cualquier determinación sobre la existencia de un privilegio." A su vez, los privilegios pueden ser renunciados expresa o implícitamente, conforme lo establecen las Reglas 33 y 34 de Evidencia, ante, respectivamente. Pueblo v. De Jesús Delgado 2001TSPR176, (2001); 155 D.P.R. 930, (2001).

CAPÍTULO VI: CREDIBILIDAD E IMPUGNACIÓN DE TESTIGOS

Regla 601. Capacidad y descalificación de testigos (32 L.P.R.A. AP VI Regla 601)

Toda persona es apta para ser testigo, salvo disposición en contrario en estas Reglas o en la ley. Una persona no podrá servir como testigo cuando, por objeción de parte o a iniciativa propia, el Tribunal determina que ella es incapaz de expresarse en relación con el asunto sobre el cual declararía, en forma tal que pueda ser entendida –bien por sí misma o mediante intérprete– o que ella es incapaz de comprender la obligación de decir la verdad que tiene una persona testigo. Esta determinación se hará conforme a la Regla 109(A).

(Febrero 9, 2009, 2009TSPR035, Regla 601; Julio 30, 2009, Núm. 46, art. 1, efectiva el 1 de enero de 2010.)

Notas Importantes
Anotaciones Anteriores de la Regla 36.

-"El presente recurso permite expresarnos sobre la necesidad de la celebración de una vista, previa y separada del juicio propiamente, bajo las disposiciones de la Regla 9 de las Reglas de Evidencia de 1979 (32 L.P.R.A. Ap. IV) en una situación donde se cuestiona la capacidad de un testigo para actuar como tal a la luz de las disposiciones de las Reglas 36 y 37 de las referidas Reglas de Evidencia, 32 L.P.R.A. Ap. IV. Resolvemos que la celebración o no de dicha vista depende de si el juicio criminal que se celebra es uno por jurado o por tribunal de derecho." Pueblo v. Torres Figueroa, 126 D.P.R. 721, (1990)

-Las Reglas 36 y 37 de Evidencia, 32 L.P.R.A. Ap. IV, son el resultado de una tendencia moderna, en prácticamente todas las jurisdicciones, de eliminar las reglas tradicionales vigentes en el derecho común sobre incapacidad testifical o de descalificación de testigos por el mero hecho de pertenecer a un grupo de personas en particular. Pueblo v. Torres Figueroa, 126 D.P.R. 721, (1990)

-La Regla 36 de Evidencia, 32 L.P.R.A. Ap. IV, establece una regla general de capacidad para ser testigo. Pueblo v. Torres Figueroa, 126 D.P.R. 721, (1990)

Anotaciones Anteriores de la Regla 37.
Criterios de descalificación de Testigos-En General.

a- La jurisprudencia federal y estatal norteamericana reiteradamente ha concluido que la incapacidad mental no descalifica a una persona para servir de testigo.

b- No constituye error de un tribunal de instancia denegar una moción para un examen psiquiátrico previo de un testigo del Ministerio Público.

c- El que a un testigo se le haya declarado incapaz y se le haya nombrado un tutor, judicialmente y de por sí no lo descalifica para servir como testigo.

d- Un testigo que ha levantado la defensa de insanidad mental en un caso anterior no está impedido de declarar en un procedimiento judicial posterior ni se requiere un examen psiquiátrico del testigo previo a su testimonio en corte.

e- El hecho de que una persona estuviera recibiendo tratamiento psiquiátrico, hubiera sido absuelta por un tribunal de un delito por razón de incapacidad mental y hubiera sido declarada incapaz, a los fines de administrar los beneficios de seguro social que recibe, no la incapacita de por sí para actuar como testigo en un caso particular.

f- Ante un planteamiento de incapacidad testifical, el tribunal debe permitir el testimonio si es confiable, esto es, que el testigo sea capaz de percibir unos hechos, recordarlos y relatarlos en forma coherente e inteligente, y si dicho testigo entiende la seriedad de un procedimiento judicial. Pueblo v. Torres Figueroa, 126 D.P.R. 721, (1990)

-La exclusión de este requisito menoscaba el derecho constitucional del acusado a confrontarse con los testigos de cargo, razón por la cual se trata de una disposición inconstitucional que debe ser eliminada. Maryland v. Craig, 497 U.S. 836, (1990) y Coy v. Iowa, 487 U.S. 1012, (1988).

Regla 602. Conocimiento personal del testigo (32 L.P.R.A. AP VI Regla 602)

Salvo lo dispuesto en estas Reglas sobre opiniones de peritos, una persona testigo sólo podrá declarar sobre materia de la cual tenga conocimiento personal. Si una parte formula objeción, tal conocimiento personal deberá ser demostrado antes de que la persona testigo pueda declarar sobre el asunto. El conocimiento personal de la persona testigo sobre la materia o asunto objeto de su declaración podrá ser demostrado por medio de cualquier prueba admisible, incluyendo su propio testimonio. Si la falta de conocimiento personal surge después de presentado el testimonio, a petición de parte, el Tribunal deberá excluirlo e impartir la instrucción correspondiente al jurado.

(Febrero 9, 2009, 2009TSPR035, Regla 602; Julio 30, 2009, Núm. 46, art. 1, efectiva el 1 de enero de 2010.)

Notas importantes
Anotaciones Anteriores de la Regla 38

-"El inciso (a) de la Regla 6 dispone que un magistrado determinará causa probable para arrestar de una de tres formas: a base de la denuncia, a base de las declaraciones juradas que se unan a las denuncias, o a base del examen bajo juramento de un testigo con conocimiento personal de los hechos." Pueblo v. Millán Álvarez y Rexach Benítez, 133 D.P.R. 87, (1993), Opinión concurrente y de conformidad de una Sentencia.

-"... la expresión era admisible, no como opinión, sino como una explicación basada en el conocimiento y percepción del testigo sobre el término (argot) familiarmente usado en este ambiente de subcultura criminal. En materia de derecho probatorio la tendencia moderna es favorecer la admisibilidad condicional del testimonio en forma de opinión o inferencia, de un testigo no pericial, cuando éste se basa en su conocimiento personal, está sujeto a ser contrainterrogado y el testimonio sirve de ayuda al juzgador a entender mejor la declaración o el hecho en controversia." Pueblo v. Miranda Santiago, 130 D.P.R. 507, (1992)

-Es admisible en evidencia el testimonio oral del contenido de unas conversaciones grabadas, cuando el testigo tiene conocimiento personal de las mismas. Pueblo v. Arreche Holdun, 114 D.P.R. 99, (1983)

-La grabación ilegal de una conversación telefónica no hace inadmisible el testimonio de un testigo que tiene conocimiento personal de su contenido, puesto que la información sobre la cual él testifica es consecuencia de su participación personal en dicha conversación. Pueblo v. Arreche Holdun, 114 D.P.R. 99, (1983)

-El testimonio de la madre del apelante no es incompatible con la presencia del acusado en el lugar del crimen en la fecha y hora que se supone se cometió. A las dos de la mañana del día 21 de mayo de 1976, la testigo estaba dormida y no tiene conocimiento personal sobre las actividades del apelante. En vista de la cercanía entre el lugar de los hechos y la casa de la testigo, se requiere mayor precisión en cuanto a la hora para concluir que se ha presentado prueba sobre una coartada. Aun si consideramos el testimonio de la madre del apelante como prueba de coartada no objetada por el Ministerio Fiscal, la misma fue tan débil que el error del tribunal de instancia al no instruir al jurado sobre la defensa de coartada en nada perjudicó al apelante. Pueblo v. Millán Meléndez, 110 D.P.R. 171, (1980)

-**Excepciones a la Regla** -Es admisible en evidencia un informe de toxicología preparado en el laboratorio del Instituto de Medicina Legal, aun cuando no pueda declarar en el correspondiente juicio el patólogo que realizó la autopsia y quien entregó las muestras a dicho laboratorio para la preparación de dicho informe, cuando la cadena de pruebas entre la entrega de las muestras al químico del laboratorio y la preparación del informe queda establecida por el confiable sistema de identificación utilizado regularmente en el Instituto de Medicina Legal. Pueblo v. Millán Meléndez, 110 D.P.R. 171, (1980)

Regla 603. Juramento (32 L.P.R.A. AP VI Regla 603)

Antes de declarar, toda persona testigo expresará su propósito de decir la verdad, lo cual hará prestando juramento o de cualquier otro modo solemne, incluyendo afirmación que, a juicio del Tribunal, obliga a la persona testigo a decir la verdad y que entiende que está sujeta a perjurio o desacato sumario por perjurio en caso contrario.

(Febrero 9, 2009, 2009TSPR035, Regla 603; Julio 30, 2009, Núm. 46, art. 1, efectiva el 1 de enero de 2010.)

Notas Importantes
Anotaciones Anteriores de la Regla 39.

-En casos por jurado, el juicio comienza al tomarse el juramento definitivo al Jurado para oficiar en la causa. En casos por tribunal de derecho comienza al tomarse el juramento al primer testigo. Pueblo V. Martínez Torres, 126 D.P.R. 561, (1990)

Coy v. Iowa, 487 U.S. 1012 (1988) y Maryland v. Craig, 497 U.S. 836, 845 -847 (1990), dispone que el juramento es un aspecto importante del debido proceso de ley y del derecho fundamental de los acusados a la confrontación con los testigos de cargo, garantizado por la Cláusula Sexta de la Constitución de Estados Unidos, por lo que una disposición que exima de juramento en cierto tipo de casos tiene serios vicios constitucionales. Ley Núm. 501 de 29 de septiembre 2004, Exposición de Motivos.

-La razón fundamental para la admisibilidad de las admisiones es que una parte no puede objetar, razonablemente, a base de que no tuvo la oportunidad de contrainterrogarse a sí misma; igualmente absurda resulta la objeción de que el declarante (el mismo que ahora objeta) no es digno de credibilidad, porque no hizo la declaración bajo juramento. Otra justificación frecuente es que la admisibilidad es inherente al sistema de adversarios. También se dice que las admisiones deben recibirse como evidencia circunstancial. Otros se limitan a decir que no hay problema de admisibilidad, pues no se trata de prueba de referencia. Federal Deposit Insurance Agency V. Caribbean Marketing, 123 D.P.R. 247, (1989)

-Se admite la declaración de una parte, hecha fuera del tribunal, contra el propio declarante, porque una parte no sufre menoscabo en su derecho a confrontación por no haber podido contrainterrogarse a sí mismo. Esta excepción es de las fundamentadas en no tener sentido la razón de la regla general de exclusión de prueba de referencia: que la parte contra la que se ofrece no ha tenido oportunidad de contrainterrogar al declarante.

Federal Deposit Insurance Agency v. Caribbean Marketing, 123 D.P.R. 247, (1989)

Regla 604. Confrontación (32 L.P.R.A. AP VI Regla 604)

Una persona testigo podrá testificar únicamente en presencia de todas las partes en la acción y estará sujeta a ser interrogada por todas ellas, si éstas optan por asistir a la vista e interrogarla.

(Febrero 9, 2009, 2009TSPR035, Regla 604; Julio 30, 2009, Núm. 46, art. 1, efectiva el 1 de enero de 2010.)

Notas Importantes
Anotaciones Anteriores de la Regla 40.

-El requerimiento constitucional de todo acusado a confrontarse con los testigos de cargo se satisface, en relación con la admisibilidad como prueba sustantiva de una declaración bajo juramento presentada por un testigo antes del juicio, si al momento de prestar la declaración hubo la oportunidad de contrainterrogar al testigo o si se le brinda la oportunidad a la defensa de así hacerlo durante el juicio, ya que lo crucial en relación con el derecho a la confrontación es que la defensa tenga la oportunidad de contrainterrogar. Pueblo v. De Jesús Ayuso, 119 D.P.R. 21, (1987)

"Es correcto que bajo el referido inciso [64(B)](3) es admisible en evidencia la declaración de una persona "no disponible" como testigo que al momento de ser hecha la someta a riesgo de responsabilidad criminal. Ahora bien, cuando la declaración contra el interés penal hecha por una persona compromete a **otras** personas surge un problema constitucional cuando alguna de esas personas resulta acusada y se pretende utilizar la declaración contra ésta, no estando disponible como testigo el declarante, puede resultar lesionado el derecho constitucional que tiene el imputado de delito a "confrontarse" con los testigos en su contra. Véanse: Art. II, Sec. 11, de la Constitución del E.L.A.; *[P36]* Regla 40 de Evidencia de 1979, y la Sexta Enmienda de la Constitución de Estados Unidos de América." Pueblo v. De Jesús Ayuso, 119 D.P.R. 21, (1987)

Regla 605. Jueza o juez como testigo (32 L.P.R.A. AP VI Regla 605)

La Jueza o el Juez que preside un juicio no podrá declarar en ese juicio como testigo. No será necesario objetar para preservar el planteamiento de error en un proceso apelativo.

(Febrero 9, 2009, 2009TSPR035, Regla 605; Julio 30, 2009, Núm. 46, art. 1, efectiva el 1 de enero de 2010.)

Notas Importantes
Anotaciones Anteriores de la Regla 41.

-"En la situación contemplada por la Ley, contrario a lo alegado por el peticionario, no nos parece indispensable la intervención del juez como testigo para establecer la cadena de custodia. La participación del juez en el manejo de la grabación está limitada a: 1) sellarla dentro de un sobre, identificándola como aquella entregada por el funcionario correspondiente-- acto que únicamente establece la entrega y no la naturaleza o la autenticidad de lo entregado; 2) la disposición de su custodia, que únicamente se refiere a cómo debe llevarse a cabo y no implica la supervisión o el conocimiento de cómo en efecto se llevó a cabo por los funcionarios del Tribunal asignados a ello; y 3) la expedición de órdenes para que sea copiada o destruida, pero no así el manejo de dichas acciones. Todo ello, además, constará por escrito en documentos oficiales que formarán parte del expediente judicial en particular. Aun de ser necesario el testimonio del juez, sujeto a las disposiciones de la Regla 41 de las de Evidencia, 32 L.P.R.A. Ap. IV, nada de lo que éste pudiera testificar respecto de esos particulares relevaría al Ministerio Público de su tarea de demostrar la autenticidad y confiabilidad de la correspondiente grabación, ni le impediría al acusado presentar prueba testifical o científica respecto de la probabilidad de alteración de la grabación." Pueblo v. Santiago Feliciano, 139 D.P.R. 361, (1995)

Regla 606. Jurado como testigo (32 L.P.R.A. AP VI Regla 606)

(A) "Jurado" significa aquí el cuerpo total y "jurado" se refiere a un miembro del cuerpo.

(B) Una persona que haya prestado juramento definitivo como jurado no podrá declarar como testigo en el juicio. Si fuera llamada a declarar, la parte contraria podrá objetar en ausencia del Jurado.

(C) De investigarse la validez de un veredicto, una persona que es jurado no podrá testificar sobre cualquier asunto o declaración que haya ocurrido durante las deliberaciones del Jurado ni sobre aquello que haya influido en su mente o sus emociones, o en las de cualquier otra u otro jurado, para asentir o disentir del veredicto, o en los procesos mentales del jurado al respecto.

Sin embargo, la persona jurado podrá testificar sobre:

(1) si se trajo indebidamente a su consideración alguna información perjudicial ajena,

(2) si hubo alguna influencia o presión externa para tratar de influir en alguna o algún jurado; o

(3) si hubo un error al anotar el veredicto en el formulario.

Tampoco se recibirá ningún affidávit o prueba de alguna declaración hecha por una persona jurado acerca de asuntos sobre los cuales a ésta se le impida testificar.

(Febrero 9, 2009, 2009TSPR035, Regla 606; Julio 30, 2009, Núm. 46, art. 1, efectiva el 1 de enero de 2010.)

Notas Importantes
Anotaciones Anteriores de la Regla 42.

-Si es admisible a tenor con la Regla 42(C) de Evidencia una declaración prestada por un miembro de un Jurado en el curso de una investigación sobre la validez de un veredicto condenatorio en la que hizo constar que el penúltimo día del juicio, y durante la sesión, una persona que no identificó le dijo que "recordara que tenía un hijo por las calles de Río Piedras", por lo que se sintió personalmente amenazado, **quaere.** Pueblo v. Figueroa Rosa, 112 D.P.R. 154, (1982)

-El veredicto rendido en un proceso criminal no puede ser alterado por razón de indebida presión o influencia al Jurado a menos que haya prueba prima facie de que ese extraño elemento pervirtió la decisión de mayoría. Pueblo v. Figueroa Rosa, 112 D.P.R. 154, (1982)

-El privilegio del secreto en el cuarto de deliberaciones del Jurado debe ceder si se demuestra prima facie que en dicho recinto ha ocurrido alguna anormalidad que afecte seriamente la realización de la justicia, a fin de que pueda llegarse al esclarecimiento de la verdad. Pueblo v. Figueroa Rosa, 112 D.P.R. 154, (1982)

-La Regla 42(C) de Evidencia excluye de encuesta sobre validez del veredicto lo ocurrido en el curso de las deliberaciones del Jurado, las razones que tuvo para emitir su voto y el proceso mental conducente a ello. Pueblo v. Figueroa Rosa, 112 D.P.R. 154, (1982)

Regla 607. Orden y modo de interrogatorio y presentación de la prueba (32 L.P.R.A. AP VI Regla 607)

(A) La Jueza o el Juez que preside un juicio o vista tendrá amplia discreción sobre el modo en que se presenta la prueba e interroga a las personas testigos de manera que:

(1) La prueba se presente en la forma más efectiva posible para el esclarecimiento de la verdad, velando por la mayor rapidez de los procedimientos evitando dilaciones innecesarias.

(2) Se proteja el derecho de las personas testigos contra preguntas impropias, humillantes o insultantes, o toda conducta ofensiva.

(3) Se proteja también el derecho de éstas a que no se les detenga más tiempo del que exija el interés de la justicia y a que se les examine únicamente sobre materias pertinentes a la cuestión.

(B) Como regla general, el interrogatorio de las personas testigos será efectuado en el siguiente orden:

(1) Interrogatorio directo: Primer examen de una persona testigo sobre un asunto no comprendido dentro del alcance de un interrogatorio previo de esa persona testigo.

(2) Contrainterrogatorio: Primer examen de una persona testigo por una parte diferente a la que efectuó el interrogatorio directo. El contrainterrogatorio se limitará a la materia objeto del interrogatorio directo y a cuestiones que afecten la credibilidad de testigos. El Tribunal puede, sin embargo, en el ejercicio de su discreción, permitir preguntas sobre otras materias como si fuera un interrogatorio directo.

(3) Interrogatorio redirecto: Examen de una persona testigo que, con posterioridad a su contrainterrogatorio, le hace la parte que le sometió al interrogatorio directo. El interrogatorio redirecto se limitará a la materia objeto del contrainterrogatorio.

(4) Recontrainterrogatorio: Examen de una persona testigo que, con posterioridad al interrogatorio redirecto de dicha testigo, le hace la parte que le sometió al contrainterrogatorio. El recontrainterrogatorio se limitará a la materia objeto del interrogatorio redirecto.

(C) La persona testigo dará contestaciones responsivas a las preguntas que le sean hechas y aquéllas que no sean responsivas serán eliminadas previa moción de cualquiera de las partes. Una contestación responsiva es una respuesta directa y concreta a la pregunta efectuada a la persona testigo.

(D) No se podrá hacer una pregunta sugestiva a una persona testigo durante el interrogatorio directo o el redirecto, excepto cuando sea una pregunta introductoria o una parte llame a una o a un testigo hostil. También será excepción cuando se trate de una parte adversa, de una persona testigo identificada con la parte adversa, de una persona que -por su edad, pobre educación u otra condición- sea mentalmente deficiente o tenga dificultad de expresión, o de una persona que por pudor esté renuente a expresarse libremente. De igual modo, podrá considerarse excepción cuando los intereses de la justicia así lo requieran. Como norma general, podrán hacerse preguntas sugestivas durante el contrainterrogatorio o recontrainterrogatorio. Una pregunta sugestiva es aquélla que sugiere al testigo la contestación que desea la parte que le interroga.

(E) La parte demandante, promovente o el Ministerio Público podrá presentar prueba de refutación luego de finalizada la prueba de la parte demandada, la promovida o la persona acusada para refutar la prueba de cualquiera de éstas. En este turno la parte demandante, promovente o el Ministerio Público no podrá presentar prueba que debió haber sido sometida durante el desfile inicial de su prueba. Luego de presentada la prueba de refutación, la parte demandada, promovida o la persona acusada podrá presentar prueba de contrarrefutación.

(F) La Jueza o el Juez podrá -a iniciativa propia o a petición de una parte- llamar testigos a declarar, lo cual permitirá a todas las partes contrainterrogar a la persona testigo así llamada. La Jueza o el Juez también podrá, en cualquier caso, interrogar a una o a un testigo, sea ésta o éste llamado a declarar por la propia Jueza o el propio Juez o por la parte. El examen de la Jueza o el Juez debe ir dirigido a aclarar las dudas que tenga o para aclarar el récord. En todo momento, la Jueza o el Juez debe evitar convertirse en abogado o abogada de una de las partes, evitando sugerir a la persona declarante una respuesta en particular.

(G) A petición de parte, la Jueza o el Juez excluirá del salón de sesión a las personas testigos que habrán de declarar, para evitar que éstos escuchen el testimonio de las demás. De igual modo, la Jueza o el Juez, a iniciativa propia, podrá ordenar esta exclusión. Esta Regla, sin embargo, no autoriza la exclusión de las siguientes personas testigos:

(1) Una parte que sea persona natural.

(2) Una persona cuya presencia sea indispensable para la presentación de la prueba de una parte y así se haya demostrado previamente al Tribunal.

(3) Una persona que sea oficial, funcionaria o empleada de una parte que no sea una persona natural y que ha sido designada por la abogada o el abogado de dicha parte como su representante. En procedimientos criminales, el Tribunal exigirá que la persona representante designada por el Ministerio Público testifique antes de permanecer en el salón de sesión, si es que el Ministerio Público se propone utilizarla como testigo. Una vez testifique, no podrá ser llamada a declarar nuevamente, excepto como prueba de refutación. En ningún caso, la representación del Pueblo recaerá en más de una persona y ésta no podrá ser sustituida sin autorización del Tribunal.

(Febrero 9, 2009, 2009TSPR035, Regla 607; Julio 30, 2009, Núm. 46, art. 1, enmienda el inciso (F), efectiva el 1 de enero de 2010.)

Notas Importantes
Anotaciones

-Al examinar la Regla 607 (d) de las Reglas de Evidencia de Puerto Rico, *supra*, surge que la excepción que permite hacer preguntas sugestivas a un testigo hostil es separada e independiente de la excepción que permite realizar ese tipo de preguntas a un testigo identificado con la parte adversa. Es decir, estas excepciones son categorías separadas. Pueblo v. Vega Martínez, 2016TSPR198, (2016); 196 D.P.R. 431, (2016), Voto Particular Disidente de la Resolución No ha Lugar.

-Conforme al texto de la citada regla, es forzoso concluir que la figura del "testigo hostil" es distinta a "una persona testigo identificada con la parte adversa". Un testigo hostil es una persona que al ser llamada a declarar se tiene la expectativa que verterá un testimonio favorable a la parte que la llama, pero que, contrario a lo esperado, comienza a comportarse y a testificar no solo de manera desfavorable a esa parte, sino en clara oposición. De manera que un testigo hostil es aquel que sorpresivamente se comporta de manera distinta y en clara contravención e interés de la parte que lo ha llamado a testificar. Pueblo v. Vega Martínez, 2016TSPR198, (2016); 196 D.P.R. 431, (2016), Voto Particular Disidente de la Resolución No ha Lugar.

-Un testigo identificado con la parte adversa es aquel de quien claramente se espera que esté inclinado a favorecer la teoría de la parte contraria de quien lo llama. Por lo tanto, requerir un *test* de hostilidad a este tipo de testigo hace superflua esta figura que es claramente refrendada en el texto de la Regla 607(d) de las Reglas de Evidencia de Puerto Rico. Pueblo v. Vega Martínez, 2016TSPR198, (2016); 196

D.P.R. 431, (2016), Voto Particular Disidente de la Resolución No ha Lugar.

Anotaciones Anteriores de la Regla 43.

-"… la Regla 43 de las de Evidencia, 32 L.P.R.A. Ap. IV, R. 43, establece el orden y modo de interrogatorio de testigos y presentación de la evidencia. En su inciso 4, dicha Regla define lo que es el re-contrainterrogatorio de la siguiente forma: "interrogatorio de un testigo que, con posterioridad al interrogatorio re-directo de dicho testigo, le hace la parte que le sometió al contrainterrogatorio." En su Inciso B la referida Regla 43 dispone que "[c]omo regla general, el interrogatorio de un testigo se llevará de acuerdo a las siguientes etapas: interrogatorio directo, contrainterrogatorio, interrogatorio re-directo y re-contrainterrogatorio." (énfasis suplido). <u>Mcconnel Jiménez v. Palau Grajales</u>, 2004TSPR069, (2004); 161 D.P.R. 734, (2004).

-"… correctamente se infiere que el contrainterrogatorio es corolario del debido proceso de ley procesal. Ello no obstante, el re-contrainterrogatorio ha sido interpretado como que no goza de la misma importancia y que, por lo tanto, es discrecional, siempre y cuando no surja información nueva en el re-directo de la cual no se tuvo oportunidad de contrainterrogar. Edward W. Cleary, et als., Mc Cormick on Evidence, Third Edition, West Publishing Company, 1984, a la pág. 71; John Henry Wigmore, Evidence in Trials at Common Law, Little Brown and Company, 1976, Volumen 6, a la págs. 740-74, sec. 1897. Véase, además: U.S. v. Kenrick, 221 F. 3d 19 (1er Cir., 2000); U.S. v. Riggi, 951 F. 2d 1368 (3er Cir., 1991); U.S. v. Morris, 485 F. 2d 1385 (5to Cir., 1973)." <u>Mcconnel Jiménez v. Palau Grajales</u> 2004TSPR069, (2004); 161 D.P.R. 734, (2004).

-Un fiscal no tiene derecho absoluto, durante el juicio, a estar acompañado en sala de un agente del orden público o agente investigador que luego será presentado como testigo de cargo. La decisión de si el agente puede o no permanecer en sala acompañando al fiscal debe corresponder a la sana discreción del juez, quien deberá tomar en consideración todas las circunstancias atinentes. <u>Pueblo v. Ortiz Tirado</u>, 116 D.P.R. 868, (1986).

-Nuestra Regla 43(E) de Evidencia, a diferencia de la Regla 615 federal que fue modelo para la primera, está concebida en un lenguaje permisivo: el juez puede excluir de sala a cualquier testigo que en ese momento no estuviere declarando; la regla concede discreción al juez para permitir o no que un testigo que declarará permanezca en sala mientras otros testigos declaran. <u>Pueblo v. Ortiz Tirado</u>, 116 D.P.R. 868,(1986)

-Nuestra Regla 43(E) de Evidencia ha omitido una de las tres condiciones enumeradas en la Regla 615 federal bajo las cuales no debe excluirse a un testigo de sala mientras no está declarando: que su presencia sea esencial para la presentación del caso de una parte y ésta así lo demuestre. <u>Pueblo v. Ortiz Tirado</u>, 116 D.P.R. 868, (1986)

-El toque importante de nuestra Regla 43(E) de Evidencia, a diferencia de la Regla 615 federal, es no quitar sino dar discreción al juez para autorizar o no la presencia de un testigo en sala mientras no está declarando. <u>Pueblo v. Ortiz Tirado</u>, 116 D.P.R. 868, (1986)

-El derecho del acusado a estar presente en el juicio es parte consubstancial de su derecho constitucional a un juicio público en que pueda carearse personalmente con los testigos de cargo. Es parte esencial del debido proceso de ley. <u>Pueblo v. Ortiz Tirado</u>, 116 D.P.R. 868, (1986)

-Los tribunales de Puerto Rico no están obligados, con relación al alcance de la Regla 43(E) de Evidencia, por las interpretaciones que los tribunales federales han dado a la Regla 615 de las Reglas de Evidencia federales. <u>Pueblo v. Ortiz Tirado</u>, 116 D.P.R. 868, (1986)

-El derecho a estar presente durante el contrainterrogatorio es renunciable, <u>Pueblo v. Ruiz Lebrón</u>, 111 D.P.R. 435, (1981)

-Un Juez que preside una vista puede requerir la declaración de determinados testigos, aunque éstos no sean presentados por las partes. <u>Pueblo v. Mangual Hernández</u>, 111 D.P.R. 136, (1981)

Regla 608. Credibilidad e impugnación de testigos (32 L.P.R.A. AP VI Regla 608)

(A) Quién puede impugnar

La credibilidad de una persona testigo puede impugnarse por cualquier parte, incluyendo a la que llama a dicha persona testigo a declarar.

(B) Medios de prueba

La credibilidad de una persona testigo podrá impugnarse o sostenerse mediante cualquier prueba pertinente, incluyendo los aspectos siguientes:

(1) comportamiento de la persona testigo mientras declara y la forma en que lo hace;

(2) naturaleza o carácter del testimonio;

(3) grado de capacidad de la persona testigo para percibir, recordar o comunicar cualquier hecho sobre el cual declara;

(4) declaraciones anteriores de la persona testigo, sujeto a lo dispuesto en la Regla 611;

(5) existencia o inexistencia de cualquier prejuicio, interés u otro motivo de parcialidad por parte de la persona testigo, sujeto a lo dispuesto en la Regla 611;

(6) existencia o inexistencia, falsedad, ambigüedad o imprecisión de un hecho declarado por la persona testigo, sujeto a lo dispuesto en la Regla 403;

(7) carácter o conducta de la persona testigo en cuanto a veracidad o mendacidad, sujeto a lo dispuesto en las Reglas 609 y 610;

(C) Impugnación y autoincriminación

Una persona testigo no renuncia al privilegio contra la autoincriminación cuando se le interroga sobre una materia que afecta únicamente a cuestiones de credibilidad.

(Febrero 9, 2009, 2009TSPR035, Regla 608; Julio 30, 2009, Núm. 46, art. 1, efectiva el 1 de enero de 2010.)

Notas Importantes
Anotaciones Anteriores de la Regla 44.

-Dada la situación particular de este caso una notificación de cuatro meses de anticipación a la presentación de la prueba es suficiente para no constituir una sorpresa, siempre y cuando, el propósito del DVD sea uno impugnatorio y cumpla con lo dispuesto en el acápite II de la Regla 44. Berrios Falcón v. Torres Merced, 2009TSPR69; 175 D.P.R. 962, (2009)

-El Tribunal de Primera Instancia debe elaborar los fundamentos para declarar con lugar la moción de supresión. Al así hacerlo, el foro primario deberá ofrecer mayores detalles sobre las declaraciones que escuchó y observó de los agentes del orden público —esto es, el porqué consideró "estereotipado" el testimonio de estos testigos-- y la credibilidad que le merecieron los mismos. Pueblo v. Moreno Valentín, 2006TSPR104, (2006); 169 D.P.R. 233, (2006).

-No toda evidencia para impugnar la credibilidad de un testigo principal de cargo, no revelada al acusado durante el juicio y descubierta por éste con posterioridad al mismo, requiere automáticamente la concesión de un nuevo juicio. Se requiere determinar que tal evidencia es relevante, esto es, que su supresión socaba la confianza en el resultado del juicio. Se requiere determinar que tal evidencia es relevante, esto es, que su supresión socaba la confianza en el resultado del juicio. U.S. v. Dagley, 473 U.S, 667, pág. 678, (1985). Pueblo v. Rivera Torres, 129 D.P.R. 331, (1991).

-La norma general que gobierna lo concerniente a la impugnación de testigos está contenida en la Regla 44 de Evidencia, 32 L.P.R.A. Ap. IV. Establece dicha regla que la credibilidad de un testigo podrá ser impugnada mediante cualquier evidencia pertinente al asunto de su credibilidad, es decir, a la veracidad o mendacidad del testigo. Pueblo v. Echevarría Rodríguez, 128 D.P.R. 299, (1991)

-Credibilidad. –Un adicto a drogas, testigo ocular de unos hechos, puede declarar como testigo si demuestra que al momento de los hechos no estaba tan alterado como para no poder o querer observar diligentemente; sus cualidades o dotes morales pueden afectar la credibilidad de su testimonio, pero no destruirlo como instrumento evidenciario. Pueblo v. Mendoza Lozada, 120 D.P.R. 815, (1988)

-Credibilidad. Cuando un examen sereno, detallado y desapasionado de la prueba no produce en el ánimo del Tribunal Supremo insatisfacción o intranquilidad de conciencia, no hay motivo para intervenir con la apreciación y adjudicación de credibilidad que de la prueba testifical hizo el juzgador de los hechos en instancia. Pueblo v. Mendoza Lozada, 120 D.P.R. 815, (1988)

-Credibilidad. Un tribunal apelativo no debe revocar una convicción a base de un planteamiento de insuficiencia de prueba que se refiere a credibilidad de testigos en ausencia de prejuicio, parcialidad o error manifiesto. El juzgador de instancia está en mejor posición para evaluar la fuerza de convicción y de persuasión de dicha prueba en su ánimo y conciencia judicial. Pueblo v. Acabá Raices, 118 D.P.R. 369, (1987)

-El Tribunal Supremo no intervendrá con la apreciación y adjudicación de credibilidad que en relación con la prueba testifical haya realizado el juzgador de los hechos en instancia, excepto en casos en que un análisis integral de dicha prueba cause insatisfacción o intranquilidad de conciencia tal que se estremezca su sentido básico de justicia. Pueblo v. Cabán Torres, 117 D.P.R. 645, (1986)

-El juzgador de los hechos en instancia es el que de ordinario está en mejor posición para aquilatar la prueba testifical, ya que fue el que oyó y vio declarar a los testigos. Pueblo v. Cabán Torres, 117 D.P.R. 645, (1986)

-No existe el testimonio perfecto, el cual de ordinario, en lugar de ser indicativo de veracidad, es altamente sospechoso y por lo general, es producto de la fabricación. Pueblo v. Cabán Torres, 117 D.P.R. 645, (1986)

-Cuando un testigo se contradice, lo que se pone en juego es su credibilidad y es al jurado o al juez de instancia a quien le corresponde resolver el valor de su restante testimonio. Pueblo v. Cabán Torres, 117 D.P.R. 645, (1986)

-El efecto de contradicciones de un testigo--quien admite haber mentido en otro proceso en que se le dio inmunidad--es cuestión de credibilidad a ser dirimida por el juez que entendió en la causa. El está en mejor posición que el tribunal apelativo para adjudicar lo relativo a credibilidad. Pueblo v. Falú Martínez, 116 D.P.R. 828, (1986)

-Meras inconsistencias en el testimonio de un testigo no obligan al juzgador a descartarlo. Pueblo v. Burgos Hernández, 113 D.P.R. 834, (1983)

-A los fines de impugnar y desacreditar el testimonio de un testigo adverso mediante prueba extrínseca o independiente de prejuicio, interés o parcialidad, es necesario que previamente se sienten las bases durante su contrainterrogatorio. Pueblo v. Figueroa Gómez, 113 D.P.R. 138, (1982)

-No existe un método o ritual especial para sentar las bases para la impugnación de un testigo. Pueblo v. Figueroa Gómez, 113 D.P.R. 138, (1982)

-Prueba de que un testigo no reconoció al acusado en el cuartel de la Policía no requería que se sentaran las bases para la impugnación de dicho testigo por razón de prejuicio, interés o parcialidad, pues en realidad se trata de prueba contradictoria. Su inadmisión conlleva, en las circunstancias del presente caso, la revocación de la sentencia y la celebración de un nuevo juicio. Pueblo v. Figueroa Gómez, 113 D.P.R. 138, (1982)

-El faltar un testigo a la verdad en parte de su testimonio no implica que deba rechazarse el resto de su declaración. Quintana Tirado V. Longoria, 112 D.P.R. 276 (1982); Pueblo v. Espinet Pagán, 112 D.P.R. 531, (1982)

-Contradicciones de agentes de la Policía en cuanto a cuál de ellos recibió una confidencia, si la hubo o no y otros detalles relacionados con un allanamiento efectuado sin orden no convierten tales declaraciones en increíbles o improbables. Pueblo v. Espinet Pagán, 112 D.P.R. 531, (1982)

-Un testimonio honesto no puede calificarse de estereotipado por el simple hecho de que exponga unas realidades fácticas que puedan formar parte del comportamiento usual y de las reacciones de algunas personas al confrontarse con agentes del orden público. Pueblo v. Espinet Pagán, 112 D.P.R. 531, (1982)

-El que se ateste que se ocupo evidencia por estar a plena vista, haber sido abandonada o lanzada al suelo no implica que estemos ante un testimonio estereotipado que torne ilegal la misma. La calificación de que un testimonio es estereotipado, de ordinario surge cuando se ocupa evidencia en alguna de esas modalidades, y la declaración de los agentes se limita a probar los elementos mínimos del delito. Pueblo v. Espinet Pagán, 112 D.P.R. 531, (1982)

-A los fines de impugnar y desacreditar el testimonio de un testigo adverso mediante prueba extrínseca o independiente de prejuicio, interés o parcialidad, es necesario que previamente se sienten las bases durante su contrainterrogatorio. Pueblo v. Figueroa Gómez, 113 D.P.R. 138, (1982)

-No existe un método o ritual especial para sentar las bases para la impugnación de un testigo. Pueblo v. Figueroa Gómez, 113 D.P.R. 138, (1982)

-Prueba de que un testigo no reconoció al acusado en el cuartel de la Policía no requería que se sentaran las bases para la impugnación de dicho testigo por razón de prejuicio, interés o parcialidad, pues en realidad se trata de prueba contradictoria. Su inadmisión conlleva, en las circunstancias del presente caso, la revocación de la sentencia y la celebración de un nuevo juicio. Pueblo v. Figueroa Gómez, 113 D.P.R. 138, (1982)

-Un jurado no está obligado a descartar la totalidad del testimonio de un testigo cuando éste ha incurrido en contradicciones sobre hechos no esenciales. Pueblo v. Feliciano Hernández, 113 D.P.R. 371, (1982)

Regla 609. Impugnación mediante carácter y conducta específica (32 L.P.R.A. AP VI Regla 609)

(A) Evidencia de carácter en forma de opinión y reputación

La credibilidad de una persona testigo podrá impugnarse o sostenerse mediante evidencia en forma de opinión o reputación de carácter, sujeto a las siguientes limitaciones:

(1) la evidencia podrá referirse únicamente al carácter veraz o mendaz de la persona testigo, y

(2) la evidencia sobre el carácter veraz sólo será admisible después que el carácter veraz de la persona testigo se haya impugnado mediante evidencia en forma de opinión o reputación o de alguna otra manera.

(B) Actos específicos de conducta

No se permitirá prueba extrínseca de actos específicos de conducta de una persona testigo para impugnar o sostener su carácter veraz.

En el contrainterrogatorio, se podrá inquirir sobre actos específicos de veracidad o mendacidad a discreción del Tribunal:

(1) en cuanto al carácter veraz o mendaz de la persona testigo, o

(2) en cuanto al carácter veraz o mendaz de otra u otro testigo sobre cuyo carácter la persona testigo contrainterrogada ha declarado.

Esta Regla no afectará lo dispuesto en la Regla 610, en cuanto a condenas por delito.

(C) El testimonio ofrecido por la persona acusada o por cualquier otra que sea testigo, no constituye una renuncia al privilegio contra la autoincriminación cuando se interroga a dicha persona sobre asuntos relacionados con veracidad o mendacidad.

(Febrero 9, 2009, 2009TSPR035, Regla 609; Julio 30, 2009, Núm. 46, art. 1, efectiva el 1 de enero de 2010.)

Notas Importantes
Anotaciones Anteriores de la Regla 45.

-Impugnación Mediante Carácter y Conducta Específica -La Regla 45 de Evidencia, 32 L.P.R.A. Ap. IV, permite como uno de los medios de impugnación la admisión de evidencia sobre el carácter veraz o mendaz del testigo, así como evidencia de conducta específica, pero solamente cuando ésta se refiera directamente al asunto de veracidad o mendacidad del testigo cuya credibilidad está bajo consideración. Pueblo v. Echevarría Rodríguez, 128 D.P.R. 299, (1991)

-Según la Regla 45 de Evidencia, 32 L.P.R.A. Ap. IV, sólo se permite impugnar la credibilidad de un testigo mediante evidencia de su carácter o conducta que se refiera al aspecto de veracidad o mendacidad. Pueblo v. Echevarría Rodríguez, 128 D.P.R. 299, (1991)

-Modo de Probar Carácter. -No es admisible, a los fines de impugnar la credibilidad de un testigo, la evidencia sobre su carácter o conducta inmoral en ciertos aspectos de su vida que no estén directamente vinculados al aspecto central de si el testigo es persona veraz o mendaz. Evidencia de carácter o conducta inmoral en algunos aspectos de la vida del testigo --desvinculados de su credibilidad o mendacidad-- no implica que el testigo no es digno de credibilidad; ésta no es admisible a los fines de impugnación. Pueblo v. Echevarría Rodríguez, 128 D.P.R. 299, (1991)

Regla 610. Condena por delito (32 L.P.R.A. AP VI Regla 610)

(A) Con el objetivo de impugnar la credibilidad de una persona ya sea ésta testigo o persona acusada, y sujeto a lo dispuesto en la Regla 403, es admisible evidencia de que ha sido condenada por delito que, sin importar su clasificación, conlleve falsedad. Esto puede establecerse por cualquier prueba admisible bajo estas Reglas, lo que incluye el récord público correspondiente y la admisión de la persona testigo cuya credibilidad es impugnada.

(B) No se admitirá evidencia de condena por delito, para impugnar la credibilidad de una persona testigo, si al momento de la presentación han transcurrido diez años desde la fecha de la comisión de los hechos que dieron base a la sentencia.

(C) No será admitida evidencia de condena por delito bajo esta Regla, si la condena ha sido objeto de indulto, perdón, anulación o su equivalente, fundados en una determinación de inocencia o rehabilitación.

(D) Para propósitos de esta Regla, una adjudicación en un Tribunal de menores no será considerada una condena por delito. Sin embargo, en una causa criminal, a discreción del Tribunal, se puede admitir evidencia de una adjudicación de falta en un procedimiento de menores, cuando se ofrece contra una o un testigo que no sea la persona acusada, siempre que una condena por el delito correspondiente hubiera sido admisible para impugnar la credibilidad de una persona adulta, y el Tribunal considera que la admisión es necesaria para una justa determinación en cuanto a la culpabilidad o no culpabilidad de la persona acusada.

(E) Prueba de una condena por delito es admisible bajo el inciso (A) de esta Regla, aunque dicha condena esté pendiente en apelación. Podrá presentarse prueba de la pendencia de dicha apelación.

(F) Antes de que la persona acusada declare o antes del juicio, podrá solicitar del Tribunal que haga una determinación sobre la admisibilidad de determinada condena anterior que pudiera ofrecer el Ministerio Público a fines de impugnar su credibilidad. Si la persona acusada opta por no declarar a la luz de la determinación sobre la admisión de las condenas, puede presentar una oferta de prueba sobre su testimonio en ausencia del Jurado. No obstante, el hecho de que ante la determinación de admisibilidad por el Tribunal la persona acusada opte por no declarar, esto no será impedimento para que en caso de una apelación de la sentencia condenatoria la persona acusada señale como error la determinación de admisibilidad bajo esta Regla.

Febrero 9, 2009, 2009TSPR035, Regla 610; Julio 30, 2009, Núm. 46, art.1. enmienda el 610(A) y eliminar el inciso 610(B) y renumerar los actuales incisos (C), (D), (E), (F) y (G) como nuevos incisos (B), (C), (D), (E) y (F), efectiva el 1 de enero de 2010.)

Notas Importantes
Anotaciones Anteriores de la Regla 46.
-Surge de esta regla que cuando estamos ante un testigo, que no es el acusado, sólo serán admisibles para atacar en forma general su credibilidad, convicciones por delitos que impliquen deshonestidad o falso testimonio, independientemente de que sean graves o menos graves. Pueblo v. Galindo González, 129 D.P.R. 627, (1991)

-La Regla 46 de las Reglas de Evidencia establece que un testigo puede ser impugnado en determinadas circunstancias, mediante evidencia de una convicción no remota por un delito que envuelva deshonestidad o falso testimonio. Pueblo v. Morales Rivera, 118 D.P.R. 155, (1986)

-En un proceso donde está envuelta la libertad de un ser humano y donde dicha libertad depende de la credibilidad que le pueda merecer al juzgador de los hechos la declaración de uno o de varios testigos, información como la permitida por las Reglas 20 y 46 de las Reglas de Evidencia, resulta sumamente pertinente y material. El que la defensa de un imputado de delito cuente o no con esa información definitivamente tendrá un impacto determinante en la calidad y efectividad del interrogatorio a que sean sometidos esos testigos y, por ende, en si la asistencia de abogado es o no adecuada. Pueblo v. Morales Rivera, 118 D.P.R. 155, (1986)

Regla 611. Impugnación y evidencia extrínseca (32 L.P.R.A. AP VI Regla 611)

(a) No será necesario mostrar o leerle parte alguna de un escrito a una persona testigo al interrogársele para impugnar su credibilidad mediante lo manifestado en tal escrito. De ser solicitado, el Tribunal exigirá que le sean indicados a la persona testigo la fecha y lugar del escrito y la persona a quien fue dirigido. Si así se solicita, el Tribunal ordenará la presentación del escrito para que sea examinado por la abogada o el abogado de la parte contraria.

(b) No se admitirá prueba extrínseca sobre una declaración de una persona testigo, que resulta incongruente con cualquier parte de su testimonio en el juicio o vista, ni sobre prejuicio, interés o parcialidad, con el propósito de impugnar su credibilidad, a menos que se le haya dado la oportunidad de admitir, negar o explicar el alegado fundamento de impugnación. Esto no aplicará, cuando circunstancias especiales o los intereses de la justicia requieran lo contrario. Este inciso no es de aplicación a las admisiones conforme a la Regla 803.

(Febrero 9, 2009, 2009TSPR035, Regla 611; Julio 30, 2009, Núm. 46, art. 1, efectiva el 1 de enero de 2010; Julio 18, 2022, Núm. 65, art. 1, enmienda el inciso (b) en términos generales.)

Notas Importantes
Anotaciones

-Presentación de prueba extrínseca para probar titularidad sobre acciones; derecho de accionista a inspecciones libros de la Corporación. El Tribunal Supremo concluye que el peticionario es accionista de Integration Corporate Services, P.S.C., con un propósito válido para inspeccionar los libros corporativos y récords financieros solicitados, al amparo del Art. 7.10 de la Ley General de Corporaciones. Domenech Fernández v. Integration Corporation Services, 2013TSPR1, (2013); 187 D.P.R. 595, (2013)

-Este análisis nos lleva a concluir que sería una injusticia impedir en este caso la presentación de evidencia extrínseca para probar el derecho sobre las acciones con miras a solicitar la inspección de los libros corporativos al amparo del Art. 7.10, supra. Ello dejaría la vigencia del derecho a la inspección de los libros a la merced de quien los elabora, custodia e impide la inspección. <u>Domenech Fernández v. Integration Corporation Services</u>, 2013TSPR1, (2013); 187 D.P.R. 595, (2013)

Anotaciones Anteriores de la Regla 47.

-Una declaración anterior extrajudicial puede ser admitida y utilizada como prueba de la verdad de lo aseverado en ella si el testigo presente en el juicio o vista hubiese testificado sobre la declaración anterior y, además, estuviese sujeto a ser contrainterrogado en cuanto a ésta, siempre que dicha declaración fuese admisible de ser hecha por el declarante como testigo. <u>Pueblo v. Adorno Cabrera</u>, 133 D.P.R. 839, (1993)

-La admisibilidad de declaraciones anteriores de un testigo que está ocupando la silla testifical, sujeto a contrainterrogatorio, es una de las instancias en que menos se vulnera el derecho a la confrontación. <u>Pueblo v. De Jesús Ayuso</u>, 119 D.P.R. 021, (1987)

-En el inciso A de esta regla, "establece que no es necesario que se muestre o lea a un testigo ninguna parte de un escrito al interrogársele para impugnar su credibilidad mediante lo manifestado en dicho escrito, pero, se sobreentiende que el juez requiera que se le indique al testigo la fecha y el lugar del escrito y la persona a quien fue dirigido. El juez también podrá autorizar el examen por el abogado de la parte contraria." <u>Pueblo v. Figueroa Gómez</u>, 113 D.P.R. 138 (1982)

-"Concederle a un testigo las mismas y razonables oportunidades de negar, admitir o explicar, que las que se conceden a los testigos en ocasión de manifestaciones anteriores verbales o escritas, es de justicia." <u>Pueblo v. Figueroa Gómez</u>, 113 D.P.R. 138, (1982)

-Cuando una parte que anuncia al tribunal que se propone demostrar que una testigo hizo manifestaciones anteriores completamente distintas a las hechas en la silla testifical no se le permite que formule las preguntas básicas necesarias para sentar las bases de tal impugnación ni que sus testigos declaren sobre las manifestaciones anteriores que se alegan ser inconsistentes y, anunciado el propósito y naturaleza del testimonio rechazado, éste resulta ser claramente admisible al fin indicado, con ello se comete un error manifiesto que da lugar a la revocación de la sentencia y concesión de un nuevo juicio. <u>Maldonado v. Rebollar</u>, 75 D.P.R. 870, (1954)

-El hecho de que las manifestaciones contradictorias anteriores de un testigo fueron vertidas en una corte inferior no impide la aplicación de la regla de la impugnación mediante manifestaciones inconsistentes en una corte superior. <u>Maldonado v. Rebollar</u>, 75 D.P.R. 870, (1954)

Regla 612. Creencias religiosas (32 L.P.R.A. AP VI Regla 612)

No es admisible prueba sobre creencias religiosas, o carencia de ellas, para impugnar o sostener la credibilidad de una persona testigo.

(Febrero 9, 2009, 2009TSPR035, Regla 612; Julio 30, 2009, Núm. 46, art. 1, efectiva el 1 de enero de 2010.)

Regla 613. Escritos para refrescar memoria (32 L.P.R.A. AP VI Regla 613)

(A) Sujeto a lo dispuesto en el inciso (C) de esta Regla, si durante su testimonio o con anterioridad al mismo, una persona testigo utilizare un escrito para refrescar su memoria sobre cualquier asunto objeto de su testimonio, será necesario presentar en la vista dicho escrito a solicitud de cualquier parte adversa. De no presentarse el escrito, se ordenará la eliminación del testimonio de la persona testigo sobre dicho asunto.

(B) Si se presenta dicho escrito en la vista, la parte adversa puede inspeccionarlo, contrainterrogar a la persona testigo sobre tal escrito y presentar como prueba cualesquiera de sus partes que sean pertinentes.

(C) Se eximirá la presentación del escrito en el juicio, y el testimonio del testigo no será eliminado, si dicho escrito:

(1) No está en posesión o bajo control de la persona testigo o de la parte que ofreció su testimonio sobre el particular.

(2) No era razonablemente asequible a dicha parte mediante el uso de las órdenes para la presentación de prueba documental o por cualquier otro medio disponible.

(3) Sólo es utilizado para refrescar la memoria antes de testificar en el juicio, y en su discreción, el Tribunal estima que es innecesario requerir su presentación.

(Febrero 9, 2009, 2009TSPR035, Regla 613; Julio 30, 2009, Núm. 46, art. 1, efectiva el 1 de enero de 2010.)

Notas Importantes
Anotaciones Anteriores de la Regla 49.

-El requisito de presentación a la parte contraria del escrito empleado por un testigo para refrescar su memoria al amparo de la Regla 49 de las de Evidencia no es aplicable en la etapa de vista preliminar. El magistrado que presida dicha vista podrá apartarse de la norma general aquí pautada y requerir la presentación del escrito, solamente cuando lo contrario implique un claro fracaso de la justicia. Pueblo v. Pillot Rentas, 2006TSPR189, (2006); 160 D.P.R. 746, (2006).

-La Regla 49 de Evidencia, 32 L.P.R.A. Ap. IV, permite que un testigo utilice un escrito para refrescar su memoria con respecto a cualquier asunto objeto de su testimonio. No es necesario que el escrito en sí sea admisible en evidencia, ya que el propósito del mismo es revivir la memoria del testigo para que éste pueda declarar según su propio recuerdo. Pueblo v. Pellot Pérez, 121 D.P.R. 791, (1988)

Regla 614. Intérpretes (32 L.P.R.A. AP VI Regla 614)

Cuando por desconocimiento del idioma español o cualquier incapacidad por parte de una persona testigo, sea necesario el uso de una o un intérprete, ésta o éste cualificará como tal si la Jueza o el Juez determina que puede entender o interpretar las expresiones de la persona testigo. La persona que actúa como intérprete estará sujeta a juramento de que hará una interpretación y traducción fiel y exacta de lo declarado por la persona testigo.

Cuando una persona testigo, que no sea parte en el pleito, padezca de sordera profunda, severa, moderada o leve, o refleje cualquier otra situación de hipoacusia o condición que le impida comunicarse efectivamente, el tribunal presumirá que necesita un intérprete de lenguaje de señas y/o labio lectura, o algún acomodo razonable que garantice la efectividad de la comunicación, y se lo asignará con cargo a la parte que interesa presentar a la persona como testigo. La parte que alegue que la persona testigo no necesita un intérprete, o el acomodo razonable en controversia, tendrá el peso de demostrarlo. Con ese fin el tribunal podrá realizar una vista, si así lo estima necesario.

(Febrero 9, 2009, 2009TSPR035, Regla 614; Agosto 6, 2018, Núm. 174, art. 23, enmienda en términos generales, efectiva 180 días después de su aprobación.)

Notas Importantes
Anotaciones Anteriores de la Regla 50.
-Para actuar como intérprete en un procedimiento judicial no es necesario que una persona sea calificada como perito; ésta cualificará como intérprete si el juez determina que la misma puede entender o interpretar

las expresiones del testigo. <u>Pueblo v. García Reyes</u>, 113 D.P.R. 843, (1983)

CAPÍTULO VII: OPINIONES Y TESTIMONIO PERICIAL

Regla 701. Opiniones o inferencias por testigos no peritos (32 L.P.R.A. AP VI Regla 701)

Si una persona testigo no estuviere declarando como perito, su declaración en forma de opiniones o inferencias se limitará a aquéllas que:

(a) estén racionalmente fundadas en la percepción de la persona testigo,

(b) sean de ayuda para una mejor comprensión de su declaración o para la determinación de un hecho en controversia, y

(c) no estén basadas en conocimiento científico, técnico o cualquier otro conocimiento especializado dentro del ámbito de la Regla 702.

(Febrero 9, 2009, 2009TSPR035, Regla 701; Julio 30, 2009, Núm. 46, art. 1, efectiva el 1 de enero de 2010.)

Notas Importantes
Anotaciones Anteriores de la Regla 51.

-Para ayudar al juzgador a determinar la condición mental del acusado, tanto el Ministerio Público como la defensa pueden hacer uso de testigos legos. El testimonio de éstos puede ser descriptivo de los hechos percibidos o en forma de opiniones o inferencias siempre que cumpla con la Regla 51 de Evidencia y que las inferencias u opiniones incluidas estén racionalmente basadas en la percepción del testigo y que sean de ayuda para el mejor entendimiento de su declaración o para la determinación de un hecho en controversia. <u>Pueblo v. Marcano Pérez</u>, 116 D.P.R. 917, (1986)

-La jurisprudencia del Tribunal Supremo en cuanto a la admisibilidad de testimonio en forma de opiniones o inferencias por un testigo lego ha sido muy liberal y permite un variado tipo de declaraciones. <u>Pueblo v. Marcano Pérez</u>, 116 D.P.R. 917, (1986)

-No es necesario probar mediante testimonio pericial la relación causal entre ciertos hechos que involucran a una persona--en este caso su detención ilegal por parte de varios agentes privados y policías--y su posterior hospitalización como consecuencia de dichos hechos. Prueba circunstancial es suficiente. <u>Ayala Córdova v. San Juan Racing</u>, 112 D.P.R. 804, (1982)

-Es admisible a tenor con la Regla 51 de Evidencia, como prueba circunstancial de que el demandante fue recluido en un hospital como consecuencia de la detención ilegal que sufrió de parte de la Policía varios días antes, el testimonio de su esposa a los efectos de que durante esos días el demandante se mostraba nervioso y belicoso y fue eso lo que la llevó a recluirlo en el hospital. Ayala Córdova v. San Juan Racing, 112 D.P.R. 804, (1982)

Regla 702. Testimonio pericial (32 L.P.R.A. AP VI Regla 702)

Cuando conocimiento científico, técnico o especializado sea de ayuda para la juzgadora o el juzgador poder entender la prueba o determinar un hecho en controversia, una persona testigo capacitada como perita -conforme a la Regla 703- podrá testificar en forma de opiniones o de otra manera.

El valor probatorio del testimonio dependerá, entre otros, de:

(a) si el testimonio está basado en hechos o información suficiente;

(b) si el testimonio es el producto de principios y métodos confiables;

(c) si la persona testigo aplicó los principios y métodos de manera confiable a los hechos del caso;

(d) si el principio subyacente al testimonio ha sido aceptado generalmente en la comunidad científica;

(e) las calificaciones o credenciales de la persona testigo; y

(f) la parcialidad de la persona testigo.

La admisibilidad del testimonio pericial será determinada por el Tribunal de conformidad con los factores enumerados en la Regla 403.

(Febrero 9, 2009, 2009TSPR035, Regla 702; Julio 30, 2009, Núm. 46, art. 1, efectiva el 1 de enero de 2010.)

Notas Importantes
Anotaciones Anteriores de la Regla 52.
-En las Reglas 52 y 57 de Evidencia, 32 L.P.R.A. Ap. IV, el criterio rector con relación a la prueba de índole pericial es que ésta resulte de ayuda para el juzgador de los hechos. Es admisible este testimonio pericial aun cuando trate sobre la cuestión que ha de decidir (ultimate fact) el juzgador de los hechos. Pueblo v. Canino Ortiz, 134 D.P.R. 796, (1993)

-La teoría del síndrome del niño abusado sexualmente expone que un niño que ha sido objeto de abuso sexual exhibe, de ordinario, una serie de características propias de su situación las cuales pueden ser reconocidas por el testigo pericial. Entre esas características que estos niños exhiben o demuestran se encuentran: el miedo, la confusión, la vergüenza, las pesadillas, la incontinencia, el retraimiento y el bajo aprovechamiento escolar. Pueblo v. Canino Ortiz, 134 D.P.R. 796, (1993)

-En un caso de alegado abuso sexual, en especial en situaciones cuando el perjudicado es de tierna edad, el testimonio pericial es de incalculable ayuda al juzgador de los hechos en su difícil función de pasar juicio sobre la inocencia o culpabilidad del acusado en esta clase de delito. Por lo tanto, el Tribunal Supremo ha resuelto que prueba de esta naturaleza es admisible bajo las disposiciones de las Reglas de Evidencia. Pueblo v. Canino Ortiz, 134 D.P.R. 796, (1993)

-La jurisprudencia ha resuelto que los tribunales de instancia no deben permitir que en los casos de abuso sexual de menores el perito opine directamente sobre la veracidad de la versión del menor o respecto la confiabilidad de su testimonio. Pueblo v. Canino Ortiz, 134 D.P.R. 796, (1993)

-"… En nuestra jurisdicción es admisible en evidencia, al amparo de las disposiciones de la Regla 52 de Evidencia, testimonio pericial sobre el "síndrome de mujer maltratada" dentro del contexto, y como complemento, de la prueba sobre defensa propia; siempre y cuando, que se demuestre, a satisfacción del tribunal de instancia, que efectivamente se trata de un caso de "mujer maltratada, hecho que podrá ser establecido por prueba directa de ello o mediante la presentación en evidencia de una evaluación sicológica." Pueblo v. González Román, 129 D.P.R. 933, (1992)

Regla 703. Calificación como persona perita (32 L.P.R.A. AP VI Regla 703)

(A) Toda persona está calificada para declarar como testigo pericial si posee especial conocimiento, destreza, experiencia, adiestramiento o instrucción suficiente para calificarla como experta o perita en el asunto sobre el cual habrá de prestar testimonio. Si hubiere objeción de parte, dicho especial conocimiento, destreza, adiestramiento o instrucción deberá ser probado antes de que la persona testigo pueda declarar como perita.

(B) El especial conocimiento, destreza, experiencia, adiestramiento o instrucción de una persona que es testigo pericial podrá ser probado por cualquier evidencia admisible, incluyendo su propio testimonio.

(C) La estipulación sobre la calificación de una persona perita no es impedimento para que las partes puedan presentar prueba sobre el valor probatorio del testimonio pericial.

(Febrero 9, 2009, 2009TSPR035, Regla 703; Julio 30, 2009, Núm. 46, art. 1, efectiva el 1 de enero de 2010.)

Notas Importantes
Anotaciones Anteriores de la Regla 53.

-Los peritos forman una clase particular de testigos; por ello, las Reglas de Evidencia les brindan especial consideración y ordenan una evaluación particular de sus testimonios. Pueblo v. Echevarría Rodríguez, 128 D.P.R. 299, (1991)

-La cualificación de un médico como perito no depende del hecho escueto de si posee una licencia para practicar su profesión, sino más bien de su preparación, entrenamiento y experiencia. Pueblo v. Echevarría Rodríguez, 128 D.P.R. 299 (1991)

-Según la Regla 53 de Evidencia, 32 L.P.R.A. Ap. IV, no sólo cualifican como peritos los expertos y profesionales, sino cualquier persona que a juicio del juez tenga alguna preparación o conocimiento especial de la materia sobre la cual declara. Pueblo v. Echevarría Rodríguez, 128 D.P.R. 299 (1991)

Regla 704. Fundamentos del testimonio pericial (32 L.P.R.A. AP VI Regla 704)

Las opiniones o inferencias de una persona como testigo pericial pueden estar basadas en hechos o datos percibidos por ella o dentro de su conocimiento personal o informados a ella antes de o durante el juicio o vista. Si se trata de materia de naturaleza tal que las personas expertas en ese campo razonablemente descansan en ella para formar opiniones o hacer inferencias sobre el asunto en cuestión, los hechos o datos no tienen que ser admisibles en evidencia.

La persona proponente de una opinión o inferencia fundamentada en hechos o datos que no sean admisibles de otra manera, no revelará al Jurado esos hechos o datos, a menos que el Tribunal determine que su valor probatorio para asistir al Jurado en la evaluación del testimonio pericial es sustancialmente mayor que su efecto perjudicial.

(Febrero 9, 2009, 2009TSPR035, Regla 704; Julio 30, 2009, Núm. 46, art. 1, efectiva el 1 de enero de 2010.)

Notas Importantes
Anotaciones Anteriores de la Regla 56.

-Las Reglas 56 y 58 de Evidencia, 32 L.P.R.A. Ap. IV, variaron la visión tradicional que limitaba al perito, en una vista o juicio, a emitir su opinión únicamente si estaba fundada en hechos de propio conocimiento o en evidencia ya presentada en la vista o juicio. Pueblo v. Rivera Robles, 121 D.P.R. 858, (1988)

-La Regla de Evidencia, 32 L.P.R.A. Ap. IV, señala que las opiniones o inferencias de un testigo pericial pueden estar fundadas en hechos o datos percibidos por el perito o dentro de su conocimiento personal, o informados a él antes o durante el juicio o vista. Por otro lado, no es necesario que la materia sea admisible en evidencia si se trata de materia de naturaleza tal que generalmente los expertos en ese campo descansan en ella para formar opiniones o hacer inferencias sobre el asunto en cuestión. Pueblo v. Rivera Robles, 121 D.P.R. 858, (1988)

-El ámbito de un testimonio pericial, en una vista o juicio, es sumamente amplio. El perito puede brindar su opinión a base de información que no ha sido presentada en evidencia y, más aún, en información inadmisible en evidencia si se trata de materia de naturaleza tal que generalmente los expertos en ese campo descansan en ella para formar opiniones o hacer inferencias sobre el asunto en cuestión. Pueblo v. Rivera Robles, 121 D.P.R. 858, (1988)

-Un perito médico, en una vista o juicio y fundamentado en la Regla 56 de Evidencia, 32 L.P.R.A. Ap. IV, puede formar opiniones o hacer inferencia sobre información que le ofrecen otros doctores, el personal del hospital, la familia del paciente y el propio paciente. Este predicamento responde a un criterio flexible de que es así que realmente funcionan los expertos fuera del tribunal. En la medida en que Pueblo v. Reyes Acevedo, 100:703, conflige con lo aquí resuelto, debe estimarse modificado. Pueblo v. Rivera Robles, 121 D.P.R. 858, (1988)

-Según la Regla 56 de Evidencia, los hechos o datos en los cuales un perito puede apoyar una opinión o inferencia pericial son sus observaciones directas o la información obtenida antes o durante el juicio. San Lorenzo Trading Inc. v. Hernández Barreras, 114 D.P.R. 704, (1983)

-Aunque la amplia libertad de opinar es uno de los atributos que diferencian al perito del testigo ordinario, es un error considerar que únicamente el perito enjuicia, discurre u opina, pues la narración del testigo ordinario implica razonamiento y juicio. Es más, el testigo sería inhábil si no tuviera capacidad de razonar. San Lorenzo Trading Inc. v. Hernández Barreras, 114 D.P.R. 704, (1983)

-No es posible establecer contrastes absolutos y tajantes entre un hecho y una opinión, a los fines de diferenciar el testimonio ordinario del pericial. San Lorenzo Trading Inc. v. Hernández Barreras, 114 D.P.R. 704, (1983)

-Una persona puede acumular las cualidades de testigo y perito. Tal condición se configura cuando concurren las circunstancias fortuitas de un perito que presencia o participa en un hecho que subsiguientemente es total o parcialmente objeto de una contienda judicial. Se trata de una doble actividad probatoria de una misma persona: actividad testifical y actividad pericial. San Lorenzo Trading Inc. v. Hernández Barreras, 114 D.P.R. 704, (1983)

-Cuando una persona declara sobre hechos percibidos por ella y al mismo tiempo hace inferencias o deducciones de esos hechos en su capacidad pericial, se encuentra en el caso del testigo y perito, y le serían aplicables las reglas de una y otra prueba (testifical ordinaria y pericial). San Lorenzo Trading Inc. v. Hernández Barreras, 114 D.P.R. 704, (1983)

Regla 705. Opinión sobre cuestión última (32 L.P.R.A. AP VI Regla 705)

No será objetable la opinión o inferencia de una persona perita por el hecho de que se refiera a la cuestión que finalmente ha de ser decidida por la juzgadora o el juzgador de los hechos.

(Febrero 9, 2009, 2009TSPR035, Regla 705; Julio 30, 2009, Núm. 46, art. 1, efectiva el 1 de enero de 2010.)

Notas Importantes
Anotaciones Anteriores de la Regla 57.

-En las Reglas 52 y 57 de Evidencia, 32 L.P.R.A. Ap. IV, el criterio rector con relación a la prueba de índole pericial es que ésta resulte de ayuda para el juzgador de los hechos. Es admisible este testimonio pericial aun cuando trate sobre la cuestión que ha de decidir (ultimate fact) el juzgador de los hechos. Pueblo v. Canino Ortiz, 134 D.P.R. 796, (1993)

Regla 706. Revelación de la base para la opinión (32 L.P.R.A. AP VI Regla 706)

La persona perita puede declarar sobre sus opiniones o inferencias y expresar las razones que las fundamentan sin haber declarado antes sobre los hechos o datos en que sus opiniones o inferencias están basadas, salvo que el Tribunal lo requiera. En todo caso, se le podrá requerir a la persona perita que revele los hechos o datos en los que basa sus opiniones o inferencias durante el contrainterrogatorio.

(Febrero 9, 2009, 2009TSPR035, Regla 706; Julio 30, 2009, Núm. 46, art. 1, efectiva el 1 de enero de 2010.)

Notas Importantes
Anotaciones Anteriores de la Regla 58.

-Las Reglas 56 y 58 de Evidencia, 32 L.P.R.A. Ap. IV, variaron la visión tradicional que limitaba al perito, en una vista o juicio, a emitir su opinión únicamente si estaba fundada en hechos de propio conocimiento o en evidencia ya presentada en la vista o juicio. Pueblo v. Rivera Robles, 121 D.P.R. 858, (1988)

Regla 707. Contrainterrogatorio de personas peritas (32 L.P.R.A. AP VI Regla 707)

Además de lo dispuesto en la Regla 607, toda persona testigo que declare en calidad de perita podrá ser contrainterrogada siempre sobre sus calificaciones como perita, el asunto objeto de su opinión pericial y los fundamentos de su opinión.

(Febrero 9, 2009, 2009TSPR035, Regla 707; Julio 30, 2009, Núm. 46, art. 1, efectiva el 1 de enero de 2010.)

Notas Importantes
Anotaciones Anteriores de la Regla 54.

-"El uso de tratados es crucial para el contrainterrogatorio de peritos. El abogado que no cuenta con un perito, cuando se enfrenta al perito de la parte contraria, descansa básicamente en el uso de tratados para contrainterrogar eficazmente al perito. Sin embargo, existe una regla restrictiva en virtud de la cual, para contrainterrogar a un perito por medio de un tratado, el perito debe haber expresamente descansado en dicho tratado en su examen directo. La regla liberal permite el uso de tratados para contrainterrogar a un perito independientemente de que éste hiciera referencia a dicho tratado en el examen directo, siempre que se establezca que la obra constituye una autoridad confiable sobre el asunto en controversia. Este es el enfogue de nuestra regla." <u>Cirino Vizcarrondo v. Gubert</u>, 129 D.P.R. 977, (1992)

Regla 708. Experimentos (32 L.P.R.A. AP VI Regla 708)

(A) La admisibilidad de prueba del resultado de un experimento será determinada por el Tribunal de conformidad con los factores enumerados en la Regla 403.

(B) Si el experimento tiene como fin demostrar que ciertos hechos ocurrieron de determinada manera, la parte que ofrece la evidencia debe persuadir al Tribunal de que el experimento se realizó bajo circunstancias sustancialmente similares a las que existían al momento de ocurrir dichos hechos.

(Febrero 9, 2009, 2009TSPR035, Regla 708; Julio 30, 2009, Núm. 46, art. 1, efectiva el 1 de enero de 2010.)

Regla 709. Nombramiento de persona perita por el tribunal (32 L.P.R.A. AP VI Regla 709)

(A) Nombramiento

El Tribunal podrá, a iniciativa propia o solicitud de parte, nombrar una o más personas como peritas del Tribunal mediante orden escrita, previa oportunidad a las partes de expresarse sobre la necesidad del nombramiento y sugerir candidatas o candidatos y la aceptación de la persona perita. El Tribunal podrá nombrar a cualquier persona como perita estipulada por las partes y a peritas o peritos de su elección. La orden donde se nombre a la persona perita incluirá su encomienda y compensación. La persona nombrada como perita deberá notificar a las partes sus hallazgos, si alguno; podrá ser depuesta por cualquier parte y podrá ser citada para testificar, por el Tribunal o cualquiera de las partes. La persona nombrada perita estará sujeta a contrainterrogatorio por cualquiera de las partes, incluyendo la que le citó.

(B) Compensación

Las personas nombradas como peritas tienen derecho a una compensación razonable por la cantidad que determine el Tribunal. En toda acción criminal o procedimiento de menores, la compensación será pagada con fondos del Estado. En las demás acciones civiles, la compensación será pagada por las partes en la proporción y en el momento en que el Tribunal lo determine, sujeto a que luego sea recobrada como otras costas.

(C) Divulgación de nombramiento

El Tribunal podrá, en el ejercicio de su discreción, previa oportunidad a las partes de expresarse, autorizar la divulgación al Jurado del hecho de que el Tribunal nombró a la persona perita.

(D) Peritas o peritos elegidos por las partes

Esta Regla no limita que cualquier parte presente el testimonio de peritas o peritos de su propia elección.

(Febrero 9, 2009, 2009TSPR035, Regla 709; Julio 30, 2009, Núm. 46, art. 1, efectiva el 1 de enero de 2010.)

Notas Importantes
Anotaciones Anteriores de la Regla 59

-El tribunal puede también a su discreción, buscar la asistencia de peritos en la conducta humana que le sirvan de herramienta para facilitar la comprensión de los asuntos ante su consideración; así como, facilitar la correcta solución de los mismos. *E.g.*, *San Lorenzo Trading, Inc. V. Hernández*, 114 D.P.R. 704 (1983); *Urrutia v. A.A.A.*, 103 D.P.R. 643 (1975). ... Este perito asistirá al juzgador de los hechos proveyéndole información sicológica que sea relevante para atender y resolver las controversias legales ante la consideración del magistrado. Peña Fonseca v. Peña Rodríguez 2005TSPR084, (2005); 164 D.P.R. 949, (2005).

"…cabe recordar que un tribunal está facultado para, discrecionalmente, limitar el número de peritos que pueden ser presentados por las partes. Regla 55 de las Reglas de Evidencia, 32 L.P.R.A. Ap. IV, R. 55. Aclaramos que las partes siempre pueden, como en efecto ha ocurrido en este caso, contratar los peritos que entiendan necesario para que les asesoren durante estos procesos." 2005 DTS 084 Peña Fonseca v. Peña Rodríguez 2005TSPR084, (2005); ; 164 D.P.R. 949, (2005).

-Aunque las reglas permiten a cualesquiera partes presentar *sua sponte* su propio perito, siguiendo la orientación moderna persiguen estimular el nombramiento del "perito judicial" designado por el tribunal. San Lorenzo Trading Inc. v. Hernández Barreras, 114 D.P.R. 704, (1983)

-Con los peritos designados por el tribunal se intenta evitar y eliminar la situación indeseable de que los peritos sean o se conviertan en testigos particulares de las partes, logrando que su comparecencia y testimonio ante el tribunal sea sin endoso previo a cualesquiera de los litigantes. San Lorenzo Trading Inc. v. Hernández Barreras, 114 D.P.R. 704, (1983)

-El Estado, para los testigos ordinarios, fija unos aranceles módicos; para los peritos, en el ámbito de la práctica forense civil, los deja a la libre contratación de las partes o a la razonable estimación judicial por vía de costas o mandato directo. San Lorenzo Trading Inc. v. Hernández Barreras, 114 D.P.R. 704, (1983)

-La parte interesada en la comparecencia como testigo de un perito de ocurrencia debe coordinar, o en su defecto el tribunal dictar, la fecha, hora, sitio y demás condiciones que propendan a garantizar el menor de los perjuicios al deponente. Además, en casos apropiados, cuando en el transcurso de una deposición la naturaleza del interrogatorio coloque el testimonio en cualesquiera de las otras categorías de peritos, queda también a salvo la facultad protectora de los tribunales de instancia para decretar posteriormente la compensación adicional que razonablemente ello amerita. San Lorenzo Trading Inc. v. Hernández Barreras, 114 D.P.R. 704, (1983)

-El derecho de recobrar como costas los gastos incurridos en la presentación de peritos dependerá de si se trata de un perito del tribunal o un perito de la parte. En el primer caso, aunque la compensación pueda inicialmente ser compartida por los litigantes, es recobrable como costas por la parte victoriosa; en el segundo, el pago no es recobrable como costas. Toppel v. Toppel, 114 D.P.R. 016, (1983)

-Cuando la parte victoriosa ha presentado prueba pericial, sólo por vía de excepción, y cuando las expensas que origine el perito estén plenamente justificadas, es que el tribunal en el ejercicio de su discreción, puede ordenar que los gastos incurridos se recobren como costa por dicha parte. Toppel v. Toppel, 114 D.P.R. 016, (1983)

CAPÍTULO VIII.   PRUEBA DE REFERENCIA

Regla 801. Definiciones (32 L.P.R.A. AP VI Regla 801)

Se adoptan las siguientes definiciones relativas a pruebas de referencia:

(a) *Declaración:* Es (a) una aseveración oral o escrita; o (b) conducta no verbalizada de la persona, si su intención es que se tome como una aseveración.

(b) *Declarante:* Es la persona que hace una declaración.

(c) *Prueba de referencia:* Es una declaración que no sea la que la persona declarante hace en el juicio o vista, que se ofrece en evidencia para probar la verdad de lo aseverado.

(Febrero 9, 2009, 2009TSPR035, Regla 801; Julio 30, 2009, Núm. 46, art. 1, efectiva el 1 de enero de 2010.)

Notas Importantes
Anotaciones Anteriores de la Regla 60.
-Según el inciso (A)(2) de la Regla 60 de Evidencia, conducta no verbalizada sólo se considera prueba de referencia si la intención de la persona que la realiza es que se tome como una aseveración. Pueblo v. García Reyes, 113 D.P.R. 843, (1983)

-Una declaración que constituye prueba de referencia debe tomarse con cautela, ya que este tipo de evidencia presenta riesgos con respecto a las siguientes cuatro áreas: (1) narración del evento; (2) percepción del evento; (3) recuerdo del evento; y (4) sinceridad del declarante. La posibilidad de que el declarante, consciente o inconscientemente, falsifique alguna de estas suposiciones impone la obligación de considerar esta evidencia con cautela. Pueblo v. García Reyes, 113 D.P.R. 843, (1983)

-Se reconoce que algunos tipos de declaraciones extrajudiciales y particularmente aquella conducta no verbalizada de la que se puede inferir una afirmación de alguna índole (**implied assertion)** están menos propensos a la falsificación y, por lo tanto, merecen mayor credibilidad, ya que se trata de actos que se realizan sin un propósito consciente de comunicación y como resultado de una percepción cercana en tiempo del evento motivador. Pueblo v. García Reyes, 113 D.P.R. 843, (1983)

-La Regla 60 de Evidencia ha eliminado del ámbito de prueba de referencia la conducta no verbalizada constitutiva de una afirmación por implicación, a menos que se establezca la intención específica del autor de realizar tal afirmación. De no haber tal intención esta conducta es admisible como prueba circunstancial del evento. Pueblo v. García Reyes, 113 D.P.R. 843, (1983)

Regla 802. Declaraciones anteriores (32 L.P.R.A. AP VI Regla 802)

No empece a lo dispuesto en la Regla 801, no se considerará prueba de referencia una *declaración anterior* si la persona declarante testifica en el juicio o vista sujeto a contrainterrogatorio en relación con la declaración anterior y ésta hubiera sido admisible de ser hecha por la persona declarante en el juicio o vista, y:

(a) es inconsistente con el testimonio prestado en el juicio o vista y fue dada bajo juramento y sujeta a perjurio;

(b) es consistente con el testimonio prestado en el juicio o vista y se presenta con el propósito de refutar una alegación expresa o implícita contra la persona declarante sobre fabricación reciente, influencia o motivación indebida; o

(c) identifica a una parte o a otra persona que participó en un delito o en otro suceso, se hizo en el momento en que el delito o suceso estaba fresco en la memoria de la persona testigo y se ofrece luego de que la persona testigo haya testificado haber hecho la identificación y que ésta reflejaba fielmente su opinión en aquel momento.

(Febrero 9, 2009, 2009TSPR035, Regla 802; Julio 30, 2009, Núm. 46, art. 1, efectiva el 1 de enero de 2010.)

Notas Importantes
Anotaciones Anteriores de la Regla 63.
1. General

-Una de las excepciones a la norma general de exclusión de prueba de referencia en la Regla 63 de Evidencia, 32 L.P.R.A. Ap. IV, dispone que es admisible una declaración anterior de un testigo que esté presente en el juicio o vista, y sujeto a ser contrainterrogado en cuanto a la declaración anterior, siempre que dicha declaración fuese admisible de ser hecha por el declarante presentado como testigo. Esta excepción es aplicable cuando el testigo ocupa la silla testifical y está sujeto a ser ampliamente contrainterrogado en torno a la declaración anterior. Pueblo v. Adorno Cabrera, 133 D.P.R. 839, (1993)

-Una declaración anterior extrajudicial puede ser admitida y utilizada como prueba de la verdad de lo aseverado en ella si el testigo presente en el juicio o vista hubiese testificado sobre la declaración anterior y, además, estuviese sujeto a ser contrainterrogado en cuanto a ésta, siempre que dicha declaración fuese admisible de ser hecha por el declarante como testigo. Pueblo v. Adorno Cabrera, 133 D.P.R. 839, (1993)

-La Regla 63 de Evidencia, 32 L.P.R.A. Ap. IV, trata una situación en la cual el temor o riesgo de violar el derecho constitucional a la confrontación queda salvaguardado por la disponibilidad del testigo en el juicio, susceptible de ser contrainterrogado por la defensa en la silla testifical. Además, el juez y Jurado tienen también la oportunidad de observar cómo el testigo explica bajo juramento cualesquiera inconsistencias. Esas circunstancias superan el argumento que tradicionalmente se invoca para negarle el efecto sustantivo a la declaración extrajudicial anterior amparado en que la defensa no ha tenido la oportunidad de contrainterrogar al momento en que el testigo ofreció la declaración. Pueblo v. Adorno Cabrera, 133 D.P.R. 839, (1993)

-La validez de la Regla 63 de Evidencia, 32 L.P.R.A. Ap. IV, supone que la parte afectada por la declaración tenga una oportunidad efectiva de contrainterrogar al declarante con relación a la declaración anterior. De otra manera, se vulneraría de manera fatal su derecho a la confrontación, particularmente si se trata de un acusado. Si el testigo se niega a declarar, no permite el contrainterrogatorio o insiste en que no recuerda, entonces esta regla no aplica. Pueblo v. Adorno Cabrera, 133 D.P.R. 839, (1993)

-La admisibilidad de declaraciones anteriores de un testigo que está ocupando la silla testifical, sujeto a contrainterrogatorio, es una de las instancias en que menos se vulnera el derecho a la confrontación. Pueblo v. De Jesús Ayuso, 119 D.P.R. 21, (1987)

-La Regla 63 de Evidencia, 32 L.P.R.A. Ap. IV, admite, para probar la verdad de lo aseverado en ella, todo tipo de declaración anterior de un testigo sin limitar tal admisión a determinada clase de declaraciones. Lo crucial bajo esta regla es si la contestación del testigo permite preguntarle sobre sus percepciones y memoria relativa a los hechos que declaró anteriormente, para evaluar esas funciones síquicas del declarante. Pueblo v. De Jesús Ayuso, 119 D.P.R. 21, (1987)

-La aplicabilidad de la Regla 63 de Evidencia, 32 L.P.R.A. Ap. IV, supone que el testigo ofrezca algún testimonio. Si el testigo sencillamente se niega a declarar, el problema debe verse bajo la Regla 64 de Evidencia, pues si el testigo se niega a ser contrainterrogado con relación a la declaración anterior, se desvanece el fundamento de admisibilidad. Pueblo v. De Jesús Ayuso, 119 D.P.R. 21, (1987)

-Pertenece a la esencia de la Regla 63 de Evidencia, 32 L.P.R.A. Ap. IV, que el testigo pueda ser contrainterrogado plena y efectivamente sobre su declaración anterior. Un testigo que rehúsa declarar no está sujeto a ese pleno y efectivo contrainterrogatorio, por lo que sus declaraciones anteriores no son admisibles bajo dicha regla. Pueblo v. De Jesús Ayuso, 119 D.P.R. 21, (1987)

-Bajo las disposiciones de la Regla 63 de Evidencia, 32 L.P.R.A. Ap. IV, no es admisible la declaración jurada, a manera de confesión, que un testigo prestara ante el fiscal, si dicho testigo se niega a declarar en el juicio y no brinda ningún testimonio, pues no puede ser plena y efectivamente contrainterrogado por la defensa. Pueblo v. De Jesús Ayuso, 119 D.P.R. 21, (1987)

2. Derecho a Carearse con los Testigos de Cargo.

-El requerimiento constitucional de todo acusado a confrontarse con los testigos de cargo se satisface, en relación con la admisibilidad como prueba sustantiva de una declaración bajo juramento presentada por un testigo antes del juicio, si al momento de prestar la declaración hubo la oportunidad de contrainterrogar al testigo o si se le brinda la oportunidad a la defensa de así hacerlo durante el juicio, ya que lo crucial en relación con el derecho a la confrontación es que la defensa tenga la oportunidad de contrainterrogar. Pueblo v. De Jesús Ayuso, 119 D.P.R. 21 (1987)

3. Derecho a Atacar Credibilidad del Declarante.

-La Regla 63 de Evidencia, 32 L.P.R.A. Ap. IV, aplica cuando un testigo presta una declaración en el tribunal distinta a una anterior, para que el juzgador tenga el beneficio de evaluar ambas declaraciones y dar crédito a la que le parezca más confiable, si alguna. Pueblo v. De Jesús Ayuso, 119 D.P.R. 21, (1987)

Regla 803. Admisiones (32 L.P.R.A. AP VI Regla 803)

No empece a lo dispuesto en la Regla 801, no se considerará prueba de referencia una *admisión* si se ofrece contra una parte y es:

(a) una declaración que hace la propia parte, ya sea en su carácter personal o en su capacidad representativa,

(b) una declaración que dicha parte, teniendo conocimiento de su contenido, ha adoptado como suya de forma verbal o por conducta o ha expresado creer en su veracidad,

(c) una declaración hecha por una persona autorizada por dicha parte para hacer expresiones sobre la materia objeto de la declaración,

(d) una declaración por una persona agente o empleada de dicha parte, que esté relacionada con un asunto dentro del ámbito de la agencia o empleo, y que haya sido hecha durante la vigencia de la relación, o

(e) una declaración de persona que actuó como conspiradora de la parte hecha en el transcurso de la conspiración y para lograr su objetivo.

El contenido de la declaración se tomará en consideración, pero no será suficiente por sí solo para establecer la autoridad de la persona declarante bajo el inciso (c), ni la relación de agencia o empleo y su ámbito bajo el inciso (d), ni la existencia de la conspiración y la participación en ésta de la persona declarante y de la parte contra quien se ofrece la declaración bajo el inciso (e).

(Febrero 9, 2009, 2009TSPR035, Regla 803; Julio 30, 2009, Núm. 46, art. 1, efectiva el 1 de enero de 2010.)

Notas Importantes
Anotaciones Anteriores de la Regla 62.

-Respecto a las conversaciones relacionadas con la comisión de un crimen, se favorece su divulgación por el preeminente interés colectivo que existe en cuanto a combatir el crimen; y en ciertos casos, por el preeminente interés colectivo adicional de erradicar el fraude en la función pública. Por eso las declaraciones voluntarias incriminatorias hechas a otros son incuestionablemente admisibles como evidencia en un procedimiento criminal, sujeto a las Reglas de Evidencia aplicables, sin necesidad de orden judicial. Independientemente de la existencia de una grabación, los agentes encubiertos, informantes y otras personas que hayan participado en una conversación de carácter incriminatorio, pueden legítimamente testificar sobre su contenido en un juicio criminal. Regla 62 de Evidencia, 32 L.P.R.A. Ap. IV. Pueblo v. Santiago Feliciano, 139 D.P.R. 361, (1995)

-Una sentencia de convicción por homicidio involuntario, dictada como resultado de la admisión de culpabilidad del acusado, es admisible bajo la Regla 62 de Evidencia, 32 L.P.R.A. Ap. IV, como admisión de parte. Maysonet v. Granda 133 D.P.R. 676, (1993)

-Una sentencia de convicción por delito grave es admisible en un pleito civil posterior. Los hechos probados en esa causa penal constituyen evidencia prima facie de su existencia. No obstante, la parte afectada adversamente por esta prueba tendrá derecho a alegar su insuficiencia o a controvertirla con otra evidencia. En tal caso, el juzgador hará su propia apreciación de la prueba, la que podrá o no coincidir con la apreciación que le dio el juez en el juicio criminal. Maysonet v. Granda 133 D.P.R. 676, (1993)

-Una sentencia de convicción por delito que conlleve una pena menor de seis (6) meses de reclusión y/o quinientos ($500) dólares de multa, es inadmisible en un pleito civil posterior. Maysonet v. Granda 133 D.P.R. 676, (1993)

-Clases de Admisiones--Por Conspiradores. -Sobre si para la admisión de declaraciones de conspiradores bajo la Regla 62(E) de Evidencia, 32 L.P.R.A. Ap. IV, se exige prueba independiente de la conspiración y de la participación del declarante y del acusado en tal conspiración, quaere. Pueblo v. Echevarría Rodríguez, 128 D.P.R. 299, (1991)

-La norma de rango constitucional de que es inadmisible una declaración de un coautor contra el coautor acusado, por violación al derecho a confrontación, no es aplicable cuando dicha declaración es admisible contra el acusado bajo la regla de los conspiradores. Regla 62(E) de Evidencia, 32 L.P.R.A. Ap. IV. Pueblo v. Echevarría Rodríguez, 128 D.P.R. 299, (1991)

-La Regla 62(a) de Evidencia, 32 L.P.R.A. Ap. IV, dispone que será admisible como excepción a la regla de prueba de referencia una declaración ofrecida contra una parte si la declaración es hecha por dicha parte en su capacidad individual o representativa. La declaración es una típica admisión de parte y se justifica su admisibilidad, pues no hay menoscabo alguno al derecho a confrontación --razón de ser de la regla general de exclusión--ya que el declarante no puede objetar que no ha podido contrainterrogarse a sí mismo. Federal Deposit Insurance Agency v. Caribbean Marketing, 123 D.P.R. 247, (1989)

-La razón fundamental para la admisibilidad de las admisiones es que una parte no puede objetar, razonablemente, a base de que no tuvo la oportunidad de contrainterrogarse a sí misma; igualmente absurda resulta la objeción de que el declarante (el mismo que ahora objeta) no es digno de credibilidad, porque no hizo la declaración bajo Juramento. Otra justificación frecuente es que la admisibilidad es inherente al sistema de adversarios. También se dice que las admisiones deben recibirse como evidencia circunstancial. Otros se limitan a decir que no hay problema de admisibilidad, pues no se trata de prueba de referencia. Federal Deposit Insurance Agency v. Caribbean Marketing, 123 D.P.R. 247, (1989)

-Se admite la declaración de una parte, hecha fuera del tribunal, contra el propio declarante, porque una parte no sufre menoscabo en su derecho a confrontación por no haber podido contrainterrogarse a sí mismo. Esta excepción es de las fundamentadas en no tener sentido la razón de la regla general de exclusión de prueba de referencia: que la parte contra la que se ofrece no ha tenido oportunidad de contrainterrogar al declarante. Federal Deposit Insurance Agency v. Caribbean Marketing, 123 D.P.R. 247, (1989)

-En virtud de las disposiciones del inciso (E) de la Regla 62 de Evidencia, las manifestaciones de un conspirador--vigente la conspiración y en la consecución del objetivo de ésta--hechas a una tercera persona son admisibles en un proceso, por voz de esa tercera persona, no sólo en contra del conspirador que las hizo, sino contra cualesquiera de los otros conspiradores, como excepción a la regla de prueba de referencia. Pueblo v. Arreche Holdun, 114 D.P.R. 099, (1983)

Regla 804. Regla general de exclusión (32 L.P.R.A. AP VI Regla 804)

Salvo que de otra manera se disponga por ley, no será admisible prueba de referencia, sino de conformidad con lo dispuesto en este capítulo. Esta regla se denominará *Regla de prueba de referencia*.

(Febrero 9, 2009, 2009TSPR035, Regla 804; Julio 30, 2009, Núm. 46, art. 1, efectiva el 1 de enero de 2010.)

Notas Importantes
Anotaciones Anteriores de la Regla 61.

-La norma general de exclusión sobre prueba de referencia, a saber, "una declaración aparte de la que hace el declarante al testificar en el juicio o vista, que se ofrece en evidencia para probar la verdad de lo aseverado". Pueblo v. Santiago Colón, 125 D.P.R. 442 (1990), Opinión Concurrente del Juez Negrón García.

-Su inadmisibilidad está atada a los riesgos inherentes relativos a cuatro (4) factores humanos: narración, percepción, recuerdo del acontecimiento y sinceridad del declarante. Pueblo v. García Reyes, 113 D.P.R. 843, 852-853, (1983). Claro está, no todo lo que un tercero manifiesta a un testigo es prueba de referencia inadmisible. Para que lo sea, "la manifestación debe tener algún contenido que pueda ser cierto o falso, y que dicha manifestación, al ser trasmitida al tribunal por el testigo que la oyó, se produzca para probar que lo manifestado es cierto". Pueblo v. Santiago Colón, 125 D.P.R. 442, (1990), Opinión Concurrente del Juez Negrón García.

-Se reconoce que algunos tipos de declaraciones extrajudiciales y particularmente aquella conducta no verbalizada de la que se puede inferir una afirmación de alguna índole (implied assertion) están menos propensos a la falsificación y, por lo tanto, merecen mayor credibilidad, ya que se trata de actos que se realizan sin un propósito consciente de comunicación y como resultado de una percepción cercana en tiempo del evento motivador. Pueblo v. García Reyes, 113 D.P.R. 843, (1983)

Regla 805. Excepciones a la regla de prueba de referencia aunque la persona declarante esté disponible como testigo (32 L.P.R.A. AP VI Regla 805)

Aun cuando la persona declarante esté disponible como testigo, una declaración no estará sujeta a la regla general de exclusión de prueba de referencia en las siguientes circunstancias:

(A) *Declaraciones contemporáneas a la percepción*: Una declaración que narra, describe o explica un acto, condición o evento percibido por la persona declarante y que haya sido hecha mientras la persona declarante percibía dicho acto, condición o evento, o hecha inmediatamente después.

(B) *Declaraciones espontáneas por excitación*: Una declaración hecha mientras la persona declarante estaba bajo el estrés de la excitación causada por la percepción de un acto, evento o condición si la declaración se refiere a dicho acto, evento o condición.

(C) *Condición mental, física o emocional*: Una declaración sobre el entonces existente estado mental, emocional o sensación física de la persona declarante (tales como una declaración sobre intención, plan, motivo, designio, sentimiento mental o emocional, dolor o salud corporal), excepto que se trate de una declaración sobre recuerdo o creencia para probar el hecho recordado o creído, a no ser que ello se relacione con la ejecución, revocación, identificación o términos del testamento de la persona declarante.

(D) *Declaraciones para fines de diagnóstico o tratamiento médico*: Declaraciones hechas para fines de diagnóstico o tratamiento médico y que describan el historial médico o síntomas, dolor o sensaciones pasadas o presentes, o el origen o la naturaleza general de la causa o fuente externa de éstos, en la medida en que sean razonablemente pertinentes al diagnóstico o al tratamiento.

(E) *Escrito de pasada memoria*: Un escrito o un récord relativo a algún asunto del cual una persona testigo tuvo conocimiento pleno alguna vez, pero al presente no recuerda lo suficiente para poder testificar sobre ello con cabalidad y precisión, si se ha demostrado que dicho escrito o récord lo hizo o lo adoptó la persona testigo cuando el asunto estaba aún fresco en su memoria y refleja correctamente su conocimiento sobre dicho asunto. Si se admite, el escrito o récord se podrá leer o escuchar como prueba, pero no se recibirá como *exhibit* a menos que lo ofrezca la parte contraria.

(F) *Récords de actividades que se realizan con regularidad*: Un escrito, informe, récord, memorando o compilación de datos -en cualquier forma- relativo a actos, sucesos, condiciones, opiniones o diagnósticos que se hayan preparado en o cerca del momento en que éstos surgieron, por una persona que tiene conocimiento de dichos asuntos, o mediante información transmitida por ésta, si dichos récords se efectuaron en el curso de una actividad de negocios realizada con regularidad, y si la preparación de dicho escrito, informe, récord, memorando o compilación de datos se hizo en el curso regular de dicha actividad de negocio, según lo demuestre el testimonio de su custodio o de alguna otra persona testigo cualificada, o según se demuestre mediante una certificación que cumpla con las disposiciones de la Regla 902(K) o con algún estatuto que permita dicha certificación, a menos que la fuente de información, el método o las circunstancias de su preparación inspiren falta de confiabilidad. El término *negocio*, según se utiliza en este inciso, incluye, además de negocio propiamente, una actividad gubernamental y todo tipo de institución, asociación, profesión, ocupación y vocación, con o sin fines de lucro.

(G) *Ausencia de entradas en los récords que se lleven conforme a las disposiciones del inciso (F)*: Evidencia de que un asunto no se incluyó en los escritos, informes, récords, memorandos o compilaciones de datos en cualquier formato, preparados conforme a las disposiciones del inciso (F), para probar que dicho asunto no ocurrió o no existió, si el asunto es del tipo que requiere que se lleven y conserven regularmente entradas en los escritos, informes, récords, memorandos o compilaciones de datos, a menos que las fuentes de información u otras circunstancias inspiren falta de confiabilidad.

(H) *Récords e informes públicos*: Cualquier forma de récords, informes, declaraciones o compilaciones de datos de oficinas o agencias gubernamentales que describan (1) las actividades que se realizan en dicha oficina o agencia; (2) los asuntos observados conforme al deber impuesto por ley de informar sobre dichos asuntos, excluyendo, sin embargo, en los casos criminales, cualquier asunto observado por oficiales de policía y otro personal del orden público; o (3) en casos o procedimientos civiles y en casos criminales en contra del gobierno, las determinaciones de hecho que surjan de una investigación realizada conforme a la autoridad que confiere la ley. El informe se excluirá cuando las fuentes de información u otras circunstancias inspiren falta de confiabilidad.

(I) *Récord de estadística vital:* Un escrito como récord de un nacimiento, muerte fetal, muerte o matrimonio, si la ley requería a quien lo hizo presentarlo en una oficina pública determinada y si fue hecho y presentado según requerido por ley.

(J) *Ausencia de récord público:* Un escrito hecho por la persona que es custodia oficial de los récords de una oficina pública, en el que se hace constar que se ha buscado diligentemente y no se ha hallado un récord determinado, cuando se ofrece para probar la ausencia de dicho récord en esa oficina.

(K) *Récords de organizaciones religiosas:* Declaraciones referentes al nacimiento, matrimonio, divorcio, fallecimiento, filiación, ascendencia, raza, parentesco - por consanguinidad o afinidad - u otro hecho similar del historial personal o familiar de una persona, que estén contenidas en un récord, ordinariamente llevado, de una iglesia u otra organización religiosa.

(L) *Certificados de matrimonio, bautismo y otros similares:* Una declaración de hecho referente al nacimiento, matrimonio, fallecimiento, raza, ascendencia, parentesco –por consanguinidad o afinidad– u otro hecho similar del historial familiar de una persona, si la declaración estuviere contenida en un certificado de quien ofició la ceremonia correspondiente, efectuó un matrimonio o administró un sacramento. Ello, siempre que quien la oficiare fuere una persona autorizada por ley o por los reglamentos de una organización religiosa para celebrar los actos informados en el certificado, y éste fuera expedido por quien lo hizo en el momento y lugar de la ceremonia o sacramento, o dentro de un tiempo razonable después del mismo.

(M) *Récords de familia:* Declaraciones de hechos sobre historial personal o familiar, anotadas en biblias familiares, árboles genealógicos, gráficas, o en inscripciones grabadas en anillos, anotaciones en fotos de familia, inscripciones grabadas en urnas, criptas, lápidas u otras similares.

(N) *Récords oficiales sobre propiedad:* El récord oficial de un documento que afecte un derecho o interés en propiedad, mueble o inmueble, para demostrar el contenido del documento original y su otorgamiento, inclusive la entrega por cada persona que aparece otorgándolo, siempre que el registro fuera un récord oficial de una oficina gubernamental y estuviere autorizado por ley su registro en dicha oficina.

(O) *Declaraciones en documentos que afecten intereses en propiedad:* Una declaración contenida en un documento cuyo propósito haya sido establecer o afectar un interés en propiedad, si lo declarado es pertinente al propósito del documento, a menos que las transacciones efectuadas en relación con la propiedad desde que se hizo el documento hayan sido inconsistentes con la veracidad de la declaración o el propósito del documento.

(P) *Declaraciones en documentos antiguos*: Declaraciones contenidas en un documento que tenga veinte años o más y cuya autenticidad se haya establecido.

(Q) *Listas comerciales y otras similares*: Una declaración – que no sea una opinión – contenida en una tabulación, lista, directorio, registro u otra compilación publicada si se utilizan generalmente en el curso de una actividad de negocios, según se define en el inciso (F) de esta Regla y si se le consideran confiables y precisas.

(R) *Tratados*: Declaraciones contenidas en un tratado, revista o folleto, u otra publicación similar, sobre un tema histórico, médico, científico, técnico o artístico siempre que se establezca, mediante conocimiento judicial o testimonio pericial, que la publicación constituye una autoridad confiable sobre el asunto. En la medida que se hayan traído a la atención de una persona perita durante el contrainterrogatorio o que el testimonio de la persona perita se haya basado en éstas durante el interrogatorio directo, de ser admitidas, las declaraciones podrán leerse como prueba, pero no se recibirán como *exhibits*.

(S) *Reputación sobre historial personal o familiar*: Evidencia de reputación entre los miembros de la familia a la que pertenece una persona – ya sea por consanguinidad, adopción o matrimonio – o entre los asociados de la persona, o en la comunidad, en cuanto a su nacimiento, adopción, matrimonio, divorcio, muerte, legitimidad, o a su parentesco por consanguinidad, adopción o matrimonio, ascendencia, o cualquier otro dato similar del historial personal o familiar de esa persona.

(T) *Reputación sobre colindancias o historial general*: Evidencia de reputación en la comunidad – que haya surgido antes de la controversia – en cuanto a colindancias de terrenos o a costumbres que afecten los terrenos en la comunidad, y evidencia de reputación en cuanto a hechos históricos generales que sean importantes para la comunidad, el estado o la nación de que se trate.

(U) *Reputación sobre carácter:* Evidencia de reputación en la comunidad en que reside una persona o entre un grupo con el cual la persona se asocia, sobre el carácter o un rasgo particular del carácter de ésta.

(V) *Sentencia por condena previa:* Evidencia de una sentencia final, tras un juicio o declaración de culpabilidad, en la que se declara culpable de delito a una persona y que conlleve una pena de reclusión mayor de seis meses, si dicha evidencia es ofrecida para probar cualquier hecho esencial para fundamentar la sentencia. La pendencia de una apelación no afectará la admisibilidad bajo esta Regla, aunque podrá traerse a la consideración del Tribunal el hecho de que la sentencia aún no es firme. Esta Regla no permite al Ministerio Público en una acción criminal ofrecer en evidencia la sentencia por condena previa de una persona que no sea la persona acusada, salvo para fines de impugnación de una o un testigo.

(Febrero 9, 2009, 2009TSPR035, Regla 805; Julio 30, 2009, Núm. 46, art. 1, efectiva el 1 de enero de 2010.)

Notas Importantes
Anotaciones

-Las circunstancias que rodean las manifestaciones de la menor apuntan a que éstas constituyen una declaración espontánea por excitación, admisibles bajo el inciso (B) de la Regla 805 de Evidencia. Como indicamos, el hecho de que éstas hayan sido vertidas en respuesta a preguntas de sus familiares en nada altera esa conclusión. De la misma manera, al haber sido realizadas mientras la menor se encontraba bajo la influencia de un evento conmocionante –en este caso el patrón de maltrato- y al referirse al autor de tal evento, cumplen cabalmente con los requisitos dispuestos en ese inciso. Pueblo v. Pérez Santos, 2016TSPR62, (2016); 195 D.P.R. 262, (2016).

-Las declaraciones de la menor serían admisibles bajo la cláusula residual que establece la Regla 809 de Evidencia. Como se explicó, éstas fueron ofrecidas en evidencia con el propósito de identificar al señor Pérez Santos como el presunto agresor de la menor. Del tracto procesal relatado, se desprende con claridad que la defensa fue notificada con razonable anterioridad de la intención del Ministerio Público de presentar las mismas. Evaluadas las circunstancias del presente caso en su totalidad, las garantías circunstanciales de confiabilidad inherentes a las expresiones realizadas por la menor las exceptúan de la regla general de exclusión de prueba de referencia. Pueblo v. Pérez Santos, 2016TSPR62, (2016); 195 D.P.R. 262, (2016).

Anotaciones Anteriores de la Regla 65.

-Admisibilidad de Análisis químico al Amparo de la Regla 65(h) de evidencia. No es admisible como evidencia sustantiva contra un acusado un informe químico cuando el técnico que preparó dicho informe no comparece como testigo en el juicio al momento que se solicita su admisión, y cuando el acusado no tuvo la oportunidad de contrainterrogar a ese testigo previamente, con relación a ese informe. Pueblo v. Guerrido López, 2010TSPR205, (2010); 179 D.P.R. 950, (2010)

-Una sentencia de convicción por el delito de homicidio involuntario ha de tratarse como una convicción por delito grave de acuerdo con la Regla 65(V) de Evidencia, 32 L.P.R.A. Ap. IV. Esto se debe a que la pena que conlleva este tipo de delito es en exceso de seis (6) meses, típica del delito grave, aunque el Código Penal lo clasifique como menos grave. Por lo tanto, la sentencia de convicción por el delito de homicidio involuntario es admisible, de acuerdo con los parámetros establecidos por la Regla 65(V) de Evidencia, 32 L.P.R.A. Ap. IV. Maysonet v. Granda 133 D.P.R. 676, (1993)

Regla 806. No disponibilidad de la persona testigo (32 L.P.R.A. AP VI Regla 806)

(A) *Definición*: *No disponible como testigo* incluye situaciones en que la persona declarante:

(1) está exenta de testificar por una determinación del Tribunal por razón de un privilegio reconocido en estas Reglas en relación con el asunto u objeto de su declaración;

(2) insiste en no testificar en relación con el asunto u objeto de su declaración a pesar de una orden del Tribunal para que lo haga;

(3) testifica que no puede recordar sobre el asunto u objeto de su declaración;

(4) al momento del juicio o vista, ha fallecido o está imposibilitada de comparecer a testificar por razón de enfermedad o impedimento mental o físico; o

(5) está ausente de la vista y quien propone la declaración ha desplegado diligencia para conseguir su comparecencia mediante citación del Tribunal.

No se entenderá que una persona declarante está *no disponible como testigo* si ello ha sido motivado por la gestión o conducta de quien propone la declaración con el propósito de evitar que la persona declarante comparezca o testifique.

(B) Cuando la persona declarante no está disponible como testigo, es admisible como excepción a la regla general de exclusión de prueba de referencia lo siguiente:

(1) Testimonio anterior

Testimonio dado como testigo en otra vista del mismo u otro procedimiento, en una deposición tomada conforme a Derecho durante el mismo u otro procedimiento. Ello si la parte contra quien se ofrece ahora el testimonio – o un predecesor en interés si se trata de una acción o procedimiento civil – tuvo la oportunidad y motivo similar para desarrollar el testimonio en interrogatorio directo, contrainterrogatorio o en redirecto.

(2) Declaración en peligro de muerte

Una declaración hecha por una persona declarante mientras creía estar en peligro de muerte inminente si la declaración se relaciona con la causa o las circunstancias de lo que creyó era su muerte inminente.

(3) Declaraciones contra interés

Una declaración que al momento de ser hecha era tan contraria al interés pecuniario o propietario de la persona declarante o le sometía a riesgo de responsabilidad civil o criminal, o tendía de tal modo a desvirtuar una reclamación suya contra otra persona, o creaba tal riesgo de convertirla en objeto de odio, ridículo o desgracia social en la comunidad, que una persona razonable en su situación no hubiera hecho la declaración a menos que la creyera cierta.

(4) Declaraciones sobre historial personal o familiar

(i) Una declaración sobre el nacimiento, adopción, matrimonio, divorcio, filiación, parentesco por consanguinidad o afinidad, raza, linaje u otro hecho similar de historial familiar o personal de la misma persona declarante, aunque ésta no tuviera medios de adquirir conocimiento personal del asunto declarado.

(ii) Una declaración sobre la materia señalada en el subinciso (i) y de otra persona incluyendo la muerte de ésta si dicha persona está relacionada con la persona declarante por parentesco de consanguinidad, afinidad o adopción o existe una relación tal entre la persona declarante y la familia de la otra persona que hiciera probable que dicha persona declarante tuviera información precisa referente al asunto declarado.

(Febrero 9, 2009, 2009TSPR035, Regla 806; Julio 30, 2009, Núm. 46, art. 1, art. 1, elimina el sub-inciso (5) del inciso (B) de la Regla 806, efectiva el 1 de enero de 2010.)

Notas Importantes:
Anotaciones Anteriores de la Regla 64.
-Evidencia Admisible por Excepción- -Declaraciones contra Interés.

1. La actual Regla 64(B)(3) de Evidencia, 32 L.P.R.A. Ap. IV, expande significativamente el alcance de la norma tradicional que limitaba la declaración contra interés al interés propietario o pecuniario.

2. Nuestra Regla 64(B)(3) de Evidencia, 32 L.P.R.A. Ap. IV, a diferencia de la regla federal, admite la declaración contra interés social, esto es, las declaraciones que exponen al declarante a riesgo de convertirlo en objeto de odio, ridículo o desgracia social en la comunidad.

3. El fundamento para la admisibilidad de declaraciones contra interés (Regla 64(B)(3) de Evidencia, 32 L.P.R.A. Ap. IV) es que nadie hace declaraciones contra su propio interés a menos que creyere que lo declarado es verdad. La premisa de la regla es la garantía circunstancial de veracidad, ya que la gente no hace declaraciones falsas que lesionen sus intereses.

4. La admisibilidad de declaraciones contra interés penal (Regla 64(B)(3) de Evidencia, 32 L.P.R.A. Ap. IV) como prueba de defensa puede adquirir dimensiones constitucionales bajo el debido proceso de ley. Nuestro sistema constitucional está apuntalado en un principio que favorece la presunción de inocencia y las oportunidades de defensa.

5. Como regla general, es admisible como prueba de defensa prueba de referencia que consiste en la declaración de una persona no disponible como testigo (Regla 64A de Evidencia, 32 L.P.R.A. Ap. IV) en que admite haber participado en el crimen objeto del proceso sin involucrar al acusado.

6. Los requisitos de aplicación de la Regla 64(B)(3) de Evidencia, 32 L.P.R.A. Ap. IV, son tres: (1) no disponibilidad del declarante como testigo (Regla 64(A) de Evidencia, supra); (2) conocimiento personal del declarante (requisito que no surge del texto de la regla, sino del grueso de la doctrina), o que el declarante tenga una comprensión del carácter

perjudicial de la declaración al momento de hacerla, y (3) que la declaración sea en efecto contra el interés del declarante.

7. El requisito de no disponibilidad del declarante como testigo, para la admisión de una declaración contra interés, provee la tradicional justificación de la necesidad de recibir prueba de referencia ante la no disponibilidad del declarante.

8. El requisito para la admisibilidad de una declaración contra interés (Regla 64(B)(3) de Evidencia, 32 L.P.R.A. Ap. IV), de conocimiento personal del declarante y que éste entienda la naturaleza contra interés de su declaración, tiene que ser analizado a la luz de todas las circunstancias del caso; sólo se exige una demostración de que el declarante sabía lo que declaraba.

9. El requisito de que el declarante tenga una comprensión del carácter perjudicial de su declaración--para la admisión como declaración contra interés bajo la Regla 64(B)(3) de Evidencia, 32 L.P.R.A. Ap. IV--se formula en términos objetivos: ¿Hubiere hecho un hombre razonable en la misma situación, la declaración a menos que la creyera cierta?

10. Una declaración en que el declarante admite su propia participación en actividades ilícitas, que constituye una admisión si se ofrece contra el declarante, constituye también una declaración contra interés bajo la Regla 64(B)(3) de Evidencia, 32 L.P.R.A. Ap. IV.

11. La Regla 64(B)(3) de Evidencia, 32 L.P.R.A. Ap. IV, en cuanto a una declaración contra interés penal, no exige conocimiento personal sobre todos y cada uno de los asuntos que dan lugar a una acusación criminal.

12. La determinación de si cierta prueba de referencia es admisible como una declaración contra interés bajo la Regla 64(B)(3) de Evidencia, 32 L.P.R.A. Ap. IV, le corresponde al juez de conformidad con la Regla 9 de Evidencia, 32 L.P.R.A. Ap. IV. En ausencia de problema de admisibilidad, cuando sólo hay cuestiones de credibilidad o valor probatorio, la exclusión de la prueba tiene el efecto de usurpar funciones del jurado.

13. La identidad de la persona a quien se hace la declaración no es decisiva para determinación de si se trata de una declaración contra interés bajo la Regla 64(B)(3) de Evidencia, 32 L.P.R.A. Ap. IV; tal identidad es sólo uno entre otros factores a considerar.

14. El hecho de que una declaración contra interés penal se haga a un familiar o amigo del declarante no elimina el carácter contra interés de la declaración; justamente el reconocimiento de una actividad criminal de ordinario se hace entre amigos o gente en la que el declarante confía.

Bajo el enfoque más realista y lógico, la estrecha relación entre el declarante y la persona a la que éste hace la declaración contra interés tiende a asegurar el elemento de confiabilidad.

15. La exclusión errónea de prueba de defensa de una declaración contra interés penal admisible bajo la Regla 64(B)(3) de Evidencia, 32 L.P.R.A. Ap. IV, no acarrea la revocación de una convicción, pues el efecto del error debe estimarse bajo la Regla 5 de Evidencia, 32 L.P.R.A. Ap. IV. Cuando la declaración excluida no exculpa o exime totalmente de responsabilidad al convicto sin excluir ni descartar su participación o coautoría, y hay evidencia directa y suficiente en la prueba de cargo para responsabilidad del apelante, resulta evidente que el resultado no hubiera sido distinto, en términos probabilísticos, de no haberse cometido el error, por lo cual no hay efecto de revocación. Pueblo v. Mendoza Lozada, 120 D.P.R. 815, (1988)

-Bajo la Regla 64(B)(3) de Evidencia, 32 L.P.R.A. Ap. IV, es admisible en evidencia la declaración de una persona no disponible como testigo que al momento de ser hecha la someta a riesgo de responsabilidad criminal. Pueblo V. De Jesús Ayuso, 119 D.P.R. 21 (1987)

-Cuando la declaración contra el interés penal hecha por una persona compromete a otras, surge un problema constitucional si alguna de esas personas resulta acusada y se pretende utilizar la declaración contra ésta, no estando disponible como testigo el declarante, puede resultar lesionado el derecho constitucional que tiene el imputado de delito a confrontarse con los testigos en su contra. Pueblo v. De Jesús Ayuso, 119 D.P.R. 21, (1987)

-Una confesión prestada por un coautor, que no está disponible como testigo, se presume no confiable cuando se ofrece en el juicio contra otro acusado a quien inculpa. Resulta inadmisible la misma a menos que el Ministerio Público demuestre que, bajo las circunstancias especiales del caso, existan elementos de confiabilidad o corroboración que justifican que sea admitida en evidencia; se refuta de esta manera la mencionada presunción. Pueblo v. De Jesús Ayuso, 119 D.P.R. 21, (1987)

Regla 807. Prueba de referencia múltiple (32 L.P.R.A. AP VI Regla 807)

La prueba de referencia que contenga otra prueba de referencia no estará sujeta a la regla general de exclusión, si cada parte de las declaraciones combinadas satisface alguna excepción a dicha regla.

(Febrero 9, 2009, 2009TSPR035, Regla 807; Julio 30, 2009, Num. 46, art. 1, efectiva el 1 de enero de 2010.)

Notas Importantes
Anotaciones Anteriores de la Regla 66.

-A tenor con la Regla 66 de Evidencia, 32 L.P.R.A. Ap. IV, la cual reglamenta lo concerniente a la prueba de referencia múltiple, es admisible una prueba de referencia que contiene a su vez prueba de referencia si tanto la prueba de referencia principal como la subordinada o incluida caen en el ámbito de alguna excepción a la regla de prueba de referencia. Pueblo v. Nazario Hernández, 138 D.P.R. 760, (1995)

Regla 808. Credibilidad de la persona declarante (32 L.P.R.A. AP VI Regla 808)

Cuando se admite una declaración que constituya prueba de referencia bajo las Reglas 805 a 809, la credibilidad de la persona declarante puede ser impugnada -y si es impugnada, puede ser rehabilitada- por cualquier evidencia admisible para esos propósitos si la persona declarante hubiera prestado testimonio como testigo. Los requisitos para la impugnación por declaraciones anteriores y parcialidad dispuestos en las Reglas 608(B)(4) y 611 no serán aplicables a la impugnación de la persona declarante bajo esta Regla. Si la parte contra la cual se ha admitido prueba de referencia llama como testigo a la persona declarante de esa prueba, dicha persona declarante queda sujeta a ser examinada por la parte como si estuviera bajo contrainterrogatorio.

(Febrero 9, 2009, 2009TSPR035, Regla 808; Julio 30, 2009, Núm. 46, art. 1, efectiva el 1 de enero de 2010.)

Notas Importantes:
Anotaciones Anteriores de la Regla 67.

-La Regla 67 de Evidencia, 32 L.P.R.A. Ap. IV, señala que cuando se admite en evidencia una declaración que sea prueba de referencia, la defensa puede impugnar la credibilidad del declarante no disponible en el juicio. Pueblo v. Pellot Pérez, 121 D.P.R. 791, (1988)

-El testimonio y prueba de referencia *[P657]* que se admitirá en el juicio del recurrido está sujeto a impugnación de la credibilidad del declaratne bajo las especiales disposiciones de la Regla 67 de Evidencia. Tal recurso, frente a los elementos de confiabilidad en la reproducción del testimonio anterior que hemos escrutado, ofrece al juzgador de hechos una base satisfactoria para evaluar su veracidad. Pueblo v. Rios Nogueras, 111 D.P.R. 647, (1981)

Regla 809. Cláusula residual (32 L.P.R.A. AP VI Regla 809)

Una declaración no expresamente comprendida en las Reglas 805 a 806, pero que contenga garantías circunstanciales de confiabilidad comparables, no estará sujeta a la regla general de exclusión de prueba de referencia si el Tribunal determina que:

(A) la declaración tiene mayor valor probatorio, para el propósito para el cual se ofrece, que cualquier otra prueba que la persona proponente hubiera podido conseguir de haber desplegado diligencia razonable y

(B) la persona proponente notificó con razonable anterioridad a la parte contra quien la ofrece su intención de presentar tal declaración, para informarle sobre las circunstancias particulares de ésta, incluyendo el nombre y la dirección de la persona declarante.

(Febrero 9, 2009, 2009TSPR035, Regla 809; Julio 30, 2009, Núm. 46, art. 1, efectiva el 1 de enero de 2010.)

Notas Importantes
Anotaciones

-Las declaraciones de la menor serían admisibles bajo la cláusula residual que establece la Regla 809 de Evidencia. Como se explicó, éstas fueron ofrecidas en evidencia con el propósito de identificar al señor Pérez Santos como el presunto agresor de la menor. Del tracto procesal relatado, se desprende con claridad que la defensa fue notificada con razonable anterioridad de la intención del Ministerio Público de presentar las mismas. Evaluadas las circunstancias del presente caso en su totalidad, las garantías circunstanciales de confiabilidad inherentes a las expresiones realizadas por la menor las exceptúan de la regla general de exclusión de prueba de referencia. Pueblo v. Pérez Santos, 2016TSPR62, (2016); 195 D.P.R. 262, (2016).

CAPÍTULO IX. AUTENTICACIÓN E IDENTIFICACIÓN

Regla 901. Requisito de autenticación o identificación (32 L.P.R.A. AP VI Regla 901)

(A) El requisito de autenticación o identificación como una condición previa a la admisibilidad se satisface con la presentación de evidencia suficiente para sostener una determinación de que la materia en cuestión es lo que la persona proponente sostiene.

(B) De conformidad con los requisitos del inciso (A) de esta Regla y sin que se interprete como una limitación, son ejemplos de autenticación o identificación los siguientes:

1) Testimonio por testigo con conocimiento

Testimonio de que una cosa es lo que se alega.

2) Autenticidad mediante evidencia de la letra

Un escrito podrá autenticarse mediante evidencia de que la letra de la autora o del autor es genuina. Una persona testigo no perita podrá expresar su opinión sobre si un escrito es de puño y letra de la persona que es presunta autora a base de su familiaridad con la letra de la persona que es presunta autora, si dicha familiaridad no se adquirió con miras al pleito. La autenticidad podrá demostrarse también mediante la comparación o cotejo que haga la juzgadora o el juzgador o una persona testigo perita del escrito en controversia con otro escrito autenticado.

3) Identificación de voz

La voz de una persona podrá identificarse, ya sea escuchada directamente o a través de grabación u otro medio mecánico, electrónico o digital, o por opinión formada a base de haberse escuchado dicha voz en alguna ocasión bajo circunstancias que la vinculan con la voz de la referida persona.

4) Conversaciones telefónicas

Podrán autenticarse o identificarse conversaciones telefónicas mediante evidencia de que se hizo una llamada al número asignado en ese momento por la compañía telefónica a una persona o negocio en particular, cuando:

(a) En el caso de una persona, las circunstancias, incluyendo autoidentificación, demuestran que la persona que contestó fue a la que se llamó.

(b) En el caso de un negocio, la llamada fue hecha a un establecimiento comercial y la conversación fue en relación con un negocio razonablemente susceptible de ser discutido por teléfono.

(5) Escritos antiguos o compilación de datos

Cuando se determina que un escrito o compilación de datos tiene por lo menos 20 años a la fecha en que se ofrece y que generalmente es tratado y respetado como auténtico por personas interesadas en conocer su autenticidad, y que al ser descubierto se hallaba en un sitio en que probablemente se hallaría de ser auténtico, el escrito o compilación de datos quedará suficientemente autenticado, salvo que esté en condiciones tales que cree serias dudas sobre autenticidad.

(6) Escritos en contestación

Un escrito podrá autenticarse con evidencia de que fue recibido en contestación a una comunicación enviada a la persona que la parte que presenta la evidencia alega es el autor del escrito.

(7) Contenido de escritos

Un escrito podrá autenticarse con evidencia de que se refiere a, o contiene, asuntos que no es probable fueren conocidos por otra persona que no sea la que la parte que presenta la evidencia alega ser el autor del asunto.

(8) Autenticación mediante admisión

Un escrito, u otro material, puede ser autenticado mediante evidencia de que la parte contra quien se ofrece admitió su autenticidad en cualquier momento, o mediante evidencia de que ha sido aceptado como auténtico por la parte contra la cual se ofrece.

(9) *Testamento*

Un testamento hecho en Puerto Rico se autenticará de acuerdo con lo dispuesto en las leyes aplicables.

(10) Características distintivas

Apariencia, contenido, sustancia, patrones internos, o cualquier otra característica distintiva, considerada en conjunto con las circunstancias.

(11) Cadena de custodia

La evidencia demostrativa real puede ser autenticada mediante su cadena de custodia.

(12) Proceso o sistema

Evidencia que describa el proceso o sistema utilizado para obtener un resultado y que demuestre que el proceso o sistema produce resultados certeros.

(13) Récord electrónico

Un récord electrónico podrá autenticarse mediante evidencia de la integridad del sistema en el cual o por el cual los datos fueron grabados o almacenados. La integridad del sistema se demuestra a través de evidencia que sustente la determinación que en todo momento pertinente el sistema de computadoras o dispositivo similar estaba operando correctamente o en caso contrario, el hecho de que su no operación correcta no afectó la integridad del récord electrónico.

(14) Correo electrónico

Un correo electrónico podrá autenticarse mediante evidencia de la integridad del sistema en el cual o por el cual fue creado, enviado o recibido.

(15) Métodos provistos por ley o reglamento

Cualquier método de autenticación o identificación provisto por legislación especial o reglamentación aplicable.

(Febrero 9, 2009, 2009TSPR035, Regla 901; Julio 30, 2009, Núm. 46, art. 1, efectiva el 1 de enero de 2010.)

Notas Importantes
Anotaciones Anteriores de la Regla 75.

-La Regla 75 de Evidencia, 32 L.P.R.A. Ap. IV, dispone que el requisito de autenticación o identificación, como condición previa a la admisibilidad, se satisface con la presentación de evidencia suficiente para sostener una determinación de que la materia en cuestión es lo que el proponente sostiene. <u>Federal Deposit Insurance Agency v. Caribbean Marketing</u>, 123 D.P.R. 247, (1989)

Regla 902. Autenticación prima facie (32 L.P.R.A. AP VI Regla 902)

No se requerirá evidencia extrínseca de autenticación como condición previa a la admisibilidad de:

(A) Documentos reconocidos

Documentos acompañados de un certificado de reconocimiento o de prueba, si el certificado cumple con los requisitos pertinentes en ley relativos a certificaciones, particularmente con las disposiciones sobre derecho notarial.

(B) Documentos públicos bajo sello oficial

Documentos bajo sello si éste aparenta ser el sello oficial de:

(1)el Estado Libre Asociado de Puerto Rico,

(2) los Estados Unidos de América,

(3) un estado, territorio o posesión de los Estados Unidos de América, o

(4) un departamento, agencia pública, corporación pública o funcionario de cualquiera de las entidades enumeradas en los subincisos (1), (2) y (3) anteriores.

Dichos documentos deben estar firmados por la persona que aparenta ser la que los otorga.

(C) Documentos públicos firmados por funcionarios

Documentos -aunque no estén bajo sello- presuntamente firmados en su capacidad oficial por una persona que es funcionaria de cualquiera de las entidades enumeradas en los subincisos (1), (2) y (3) del apartado (B) de esta Regla, siempre que tales documentos sean acompañados por una certificación bajo sello expedida por la persona que en calidad de funcionaria competente da fe de que la firma es genuina y de que es la funcionaria con capacidad oficial para firmar los documentos.

(D) Documentos públicos extranjeros

Documento presuntamente otorgado o firmado en su capacidad oficial por una persona autorizada por las leyes de un país extranjero para su otorgamiento. Éste deberá estar acompañado de una certificación final sobre la autenticidad de la firma y el cargo oficial de (1) la persona que lo otorga o certifica, o (2) cualquier persona funcionaria cuyo certificado de autenticidad y el cargo oficial trata el otorgamiento o certificación. El documento puede también ser parte de una cadena de certificados de autenticidad de la firma y puesto oficial relacionados con el otorgamiento o certificación por autoridad competente en cumplimiento con lo establecido en el Tratado de la Convención de la Haya del 5 de octubre de 1961.

Si le hubiere sido concedida a todas las partes una oportunidad razonable para investigar la autenticidad y exactitud de los documentos oficiales, el Tribunal podrá, si se muestra justa causa, ordenar que sean tratados como presuntamente auténticos sin la certificación final o permitir que sean probados mediante un resumen certificado aunque sin la certificación final.

(E) Copias certificadas de récords y documentos públicos

Copias de un récord oficial, o parte de éste, o de un documento archivado en una oficina pública conforme a disposición de ley o reglamento público, incluyendo compilación de datos en cualquier formato, si están certificadas como correctas por la persona a cargo de su custodia o por la persona autorizada en ley para expedir este tipo de certificación, siempre que la certificación cumpla con los requisitos establecidos en los incisos (B), (C) o (D) de esta Regla, o con cualquier ley o reglamento público pertinente.

(F) Publicaciones oficiales

Libros, folletos u otras publicaciones presuntamente emitidas por autoridad pública.

(G) Periódicos o revistas

Material impreso que presuntamente sean periódicos o revistas.

(H) Etiquetas comerciales

Inscripciones, marbetes, etiquetas, u otros documentos análogos, presuntamente fijados en el curso de los negocios y que indican propiedad, control y origen.

(I) Papeles comerciales y documentos relacionados

Papeles comerciales, las firmas estampadas en éstos y los documentos relacionados, conforme lo dispone el derecho comercial general.

(J) Presunciones según las Leyes del Congreso de los Estados Unidos de América o de la Asamblea Legislativa del Estado Libre Asociado de Puerto Rico

Cualquier firma, documento u otra materia que, mediante una ley del Congreso o Asamblea Legislativa de Puerto Rico, se declare presuntamente genuino o auténtico *prima facie*.

(K) Récords certificados de actividades que se realizan con regularidad.

El original o un duplicado de un récord de actividades que se realizan con regularidad dentro de la jurisdicción del Estado Libre Asociado de Puerto Rico y los Estados Unidos de América, el cual sería admisible conforme a la Regla 805 (F), si se acompaña de una declaración jurada de la persona a cargo de su custodia o de alguna otra persona cualificada, que certifique que dicho récord:

(1) se preparó en o cerca del momento en que ocurrieron los sucesos o las actividades mencionadas por una persona que tiene conocimiento de dichos asuntos, o mediante información transmitida por ésta;

(2) se llevó a cabo en el curso de la actividad realizada con regularidad, y

(3) se preparó como una práctica regular de dicha actividad.

La parte que se proponga someter un récord como evidencia, conforme a lo dispuesto en este inciso, tendrá que notificar por escrito su intención a todas las partes contrarias. Además, tendrá que tener el récord y la declaración jurada disponibles para inspección con suficiente antelación a su presentación como evidencia a fin de brindar a la parte contraria una oportunidad justa para refutarlos.

(L) Récord electrónico

Se presumirá la integridad del récord si:

(1) se establece mediante declaración jurada que fue grabado o almacenado por una parte adversa a la que lo propone, o

(2) se establece mediante declaración jurada que fue grabado o almacenado en el curso usual y ordinario de negocios por una persona que no es parte en los procedimientos y quien no lo ha grabado o almacenado bajo el control de la que lo propone.

(Febrero 9, 2009, 2009TSPR035, Regla 902; Julio 30, 2009, Núm.46, art.1, enmienda la Regla 902(K), primer párrafo, efectiva el 1 de enero de 2010.)

Notas Importantes
-Anotaciones

-Tres declaraciones juradas -prestadas por determinados agentes encubiertos durante el curso de una investigación- son admisibles en evidencia a pesar que dos de ellas no fueron firmadas por el fiscal autorizante y en la restante no se consignó la fecha y hora de autorización. El Tribunal Supremo concluyó que son admisibles en evidencia, ya que son válidas y se prestaron conforme ordena el artículo 523 de la Ley de Sustancias Controladas. Pueblo v. Garay López, 2011TSPR66, (2011); 181 D.P.R. 779, (2011)

Anotaciones Anteriores de la Regla 79.

-Un afidávit es un documento auténtico. Probatoriamente goza de autenticación prima facie. Regla 79 de Evidencia. <u>Rodríguez Vidal v. Benvenutti & Rivera</u>, 115 D.P.R. 583, (1984)

-La certificación del notario de la autenticidad de una firma puede ser de juramento o de simple reconocimiento. En ambos casos se reduce a escrito y tiene efecto de presumir una identidad o correspondencia real y legítima entre el compareciente y la firma, a base del principio medular de la fe de conocimiento. <u>Rodríguez Vidal v. Benvenutti & Rivera</u>, 115 D.P.R. 583, (1984)

Regla 903. Testigos instrumentales (32 L.P.R.A. AP VI Regla 903)

(A) A menos que un estatuto disponga lo contrario, el testimonio de una persona que haya actuado como testigo instrumental no se requerirá para autenticar un escrito.

(B) Si el testimonio de una persona que haya actuado como testigo instrumental se requiere por estatuto para autenticar un escrito y esa persona niega o no recuerda el otorgamiento del escrito, éste puede ser autenticado mediante otra evidencia.

(Febrero 9, 2009, 2009TSPR035, Regla 903; Julio 30, 2009, Núm. 46, art. 1, efectiva el 1 de enero de 2010.)

CAPÍTULO X: CONTENIDO DE ESCRITOS, GRABACIONES Y FOTOGRAFÍAS

Regla 1001. Definiciones (32 L.P.R.A. AP VI Regla 1001)

Para propósitos de este capítulo los siguientes términos tendrán el significado que a continuación se indica:

(A) *Escritos o grabaciones*: Consiste en letras, palabras, números, sonidos o sus equivalentes, por medio de escritura manual, maquinilla, en computadora, grabación mecánica o electrónica, micrografía, microfilmación, impresión, fotocopia, fotografía o impulso magnético, u otra forma de compilación de datos.

(B) *Fotografías*: Incluye la reproducción mediante fotografías, películas de rayos X, películas cinematográficas, videomagnetofónicas, digitales u otras técnicas de reproducción de imágenes.

(C) *Original*: Original de un escrito o grabación es el escrito o grabación mismo o cualquier contraparte de éstos, siempre que la intención de la persona que los ejecuta o emita sea que éstos tengan el mismo efecto que aquellos. El original de una fotografía incluye su negativo o archivo digital, y cualquier ejemplar positivo obtenido de éste. Es también un original, el impreso legible que refleja con precisión la información que haya sido almacenada o acumulada o producida en computadora o artefacto similar.

(D) *Duplicado*: Copia o imagen producida por la misma impresión que el original, o por la misma matriz o por medio de fotografía, incluyendo ampliaciones y miniaturas, o por regrabaciones mecánicas, electrónicas o digitales o por reproducciones químicas, digitales o por otras técnicas equivalentes que reproduzcan adecuadamente el original.

(Febrero 9, 2009, 2009TSPR035, Regla 1001; Julio 30, 2009, Núm. 46, art. 1, efectiva el 1 de enero de 2010.)

Regla 1002. Regla sobre el contenido de un escrito, grabación o fotografía (32 L.P.R.A. AP VI Regla 1002)

Para probar el contenido de un escrito, grabación o fotografía se requiere la presentación del original de éstos.

(Febrero 9, 2009, 2009TSPR035, Regla 1002; Julio 30, 2009, Núm. 46, art. 1, efectiva el 1 de enero de 2010.)

Notas Importantes
Anotaciones Anteriores de la Regla 69.
-La Regla de la Mejor Evidencia --Regla 69(A) de Evidencia, 32 L.P.R.A. Ap. IV-- que es particularmente invocada cuando se trata de prueba documental, exige que cuando se descansa en el contenido de un escrito, éste sea presentado para efectos de constatar tal contenido. Pueblo v. Echevarría Rodríguez, 128 D.P.R. 299, (1991)

-La Regla de la Mejor Evidencia no requiere la presentación de un escrito cuando sólo se trata de probar la existencia de tal escrito y no su contenido. Pueblo v. Echevarría Rodríguez, 128 D.P.R. 299, (1991)

-Para probar la existencia de un contrato y la motivación de éste, la Regla de la Mejor Evidencia no requiere la presentación del escrito en el que consta tal contrato. Pueblo v. Echevarría Rodríguez, 128 D.P.R. 299, (1991)

Regla 1003. Duplicados (32 L.P.R.A. AP VI Regla 1003)

Un duplicado es tan admisible como el original a no ser que surja una genuina controversia sobre la autenticidad del original o que, bajo las circunstancias del caso, sea injusto admitir el duplicado en lugar del original.

(Febrero 9, 2009, 2009TSPR035, Regla 1003; Julio 30, 2009, Núm. 46, art. 1, efectiva el 1 de enero de 2010.)

Notas importantes
Anotaciones Anteriores de la Regla 73.

-La Regla 73 de Evidencia, 32 L.P.R.A. Ap. IV, dispone que un duplicado de un documento es tan admisible como el original a no ser que surja una controversia genuina en torno a la autenticidad del original. <u>Pueblo v. Pagán Santiago</u>, 130 D.P.R. 470, (1992)

Regla 1004. Regla de evidencia secundaria (32 L.P.R.A. AP VI Regla 1004)

Será admisible otra evidencia del contenido de un escrito, grabación o fotografía que no sea el original mismo cuando:

(A) El original y el duplicado, si existiera, se han extraviado o destruido, a menos que quien lo propone los haya perdido o destruido de mala fe.

(B) El original y el duplicado, si existiera, no pudieron obtenerse por ningún procedimiento judicial disponible ni de ninguna otra manera.

(C) El original está en poder de la parte contra quien se ofrece y ésta no lo produce en la vista a pesar de haber sido previamente advertida de que se necesitaría producirlo en la vista.

(D) El original no está íntimamente relacionado con las controversias esenciales y resultare inconveniente requerir su presentación.

(Febrero 9, 2009, 2009TSPR035, Regla 1004; Julio 30, 2009, Núm. 46, art. 1, efectiva el 1 de enero de 2010.)

Notas importantes
Anotaciones Anteriores de la Regla 70.

-En vista de los hechos y circunstancias particulares y específicas del presente caso, la copia del certificado de matrimonio en controversia es admisible bajo las disposiciones del Inciso (b) de la Regla 70 de Evidencia ya que es una realidad que el original de dicho certificado, en estos momentos, no puede ser obtenido por la demandante Santiago Torres "por ningún procedimiento judicial disponible ni de ninguna otra manera". <u>Santiago Torres v. Pérez López</u>, 2008 TSPR 119; 174 D.P.R. 241, (2008)

-Como una de las excepciones a la Regla de la Mejor Evidencia, la Regla 70(a) de Evidencia, 32 L.P.R.A. Ap. IV, permite evidencia sobre el contenido de un escrito sin presentar el mismo cuando éste se ha extraviado o destruido. <u>Pueblo v. Echevarría Rodríguez</u>, 128 D.P.R. 299, (1991)

Regla 1005. Récords y documentos públicos (32 L.P.R.A. AP VI Regla 1005)

El contenido de un récord público, u otro documento bajo la custodia de una entidad u oficina pública, o un documento unido al protocolo de una notaria o un notario, puede ser probado mediante copia certificada del original expedida por funcionaria o funcionario autorizado, o mediante copia declarada como correcta o fiel por una persona testigo que la haya comparado con el original. Si ello no es posible, a pesar del ejercicio de diligencias razonables por parte de la persona proponente, otra evidencia secundaria del contenido del original será admisible.

(Febrero 9, 2009, 2009TSPR035, Regla 1005; Julio 30, 2009, Núm. 46, art. 1, efectiva el 1 de enero de 2010.)

Notas importantes
Anotaciones Anteriores de la Regla 71.

-La Regla 71 de Evidencia--que recoge la llamada "Regla de la Mejor Evidencia"--se refiere únicamente al modo de probar el contenido de un récord público u otro documento, especialmente cuando está en controversia su certeza. <u>Pueblo v. Franceschini Sáez</u>, 110 D.P.R. 794, (1981).

-La llamada Regla de la Mejor Evidencia proclama la inadmisibilidad de evidencia secundaria del contenido de un escrito, salvo que satisfactoriamente se explique la omisión de producir el original. <u>Pueblo v. Franceschini Sáez</u>, 110 D.P.R. 794, (1981).

-Como regla general, una parte no puede invocar en apelación un fundamento distinto al invocado originalmente en instancia al objetar la exclusión de determinada prueba. <u>Pueblo v. Franceschini Sáez</u>, 110 D.P.R. 794, (1981).

-Aun cuando se le indique al tribunal de instancia el fundamento preciso para la admisión de cierta evidencia, puede haber circunstancias singulares en que la naturaleza, propósito y pertinencia de la prueba se desprendan claramente del contexto de su presentación y en que el fundamento del pretendido error sea evidente, de suerte que permitan pasar juicio al tribunal de apelación sobre la pertinencia de la prueba. Pueblo v. Franceschini Sáez, 110 D.P.R. 794, (1981).

Regla 1006. Originales voluminosos (32 L.P.R.A. AP VI Regla 1006)

El contenido de escritos, grabaciones o fotografías, que por su gran volumen o tamaño no pueden examinarse convenientemente en el Tribunal, podrá ser presentado mediante esquemas, resúmenes o cómputos, o cualquier otra evidencia similar. Los originales o duplicados, así como los resúmenes o evidencia similar, deben ponerse a la disposición de las otras partes para ser examinados o copiados, en tiempo y lugar razonables.

El Tribunal podrá ordenar que se produzcan los originales o duplicados.

(Febrero 9, 2009, 2009TSPR035, Regla 1006; Julio 30, 2009, Núm. 46, art. 1, efectiva el 1 de enero de 2010.)

Regla 1007. Testimonio o admisión de parte (32 L.P.R.A. AP VI Regla 1007)

El contenido de escritos, grabaciones o fotografías puede probarse por el testimonio o deposición de la parte contra quien se ofrece o por su admisión escrita, sin necesidad de producir el original.

(Febrero 9, 2009, 2009TSPR035, Regla 1007; Julio 30, 2009, Núm. 46, art. 1, efectiva el 1 de enero de 2010.)

Regla 1008. Funciones de la jueza o del juez y el jurado (32 L.P.R.A. AP VI Regla 1008)

Cuando la admisibilidad de evidencia secundaria del contenido de un escrito, grabación o fotografía dependa de que se satisfaga una condición de hecho, la determinación de si fue satisfecha tal condición la hará el Tribunal bajo la Regla 109(A). Sin embargo, será la juzgadora o el juzgador de hechos quien resolverá lo relativo a:
(A) si el escrito, grabación o fotografía existió o no, cuando está en controversia su existencia;

(B) si otro escrito, grabación o fotografía producida en el juicio es el original; o

(C) si otra evidencia del contenido refleja correctamente el mismo.

(Febrero 9, 2009, 2009TSPR035, Regla 1008; Julio 30, 2009, Núm. 46, art. 1, efectiva el 1 de enero de 2010.)

CAPÍTULO XI: EVIDENCIA DEMOSTRATIVA

Regla 1101. Objetos perceptibles a los sentidos (32 L.P.R.A. AP VI Regla 1101)

Siempre que un objeto perceptible a los sentidos resultare pertinente de conformidad a lo dispuesto en la Regla 401, dicho objeto, previa identificación o autenticación, es admisible como prueba, sujeto ello a la discreción del Tribunal de conformidad con los factores o criterios establecidos en la Regla 403.

(Febrero 9, 2009, 2009TSPR035, Regla 1101; Julio 30, 2009, Núm. 46, art. 1, efectiva el 1 de enero de 2010.)

Notas Importantes
Anotaciones Anteriores de la Regla 80.

-Evidencia Demostrativa y Científica--Objetos Perceptibles a los Sentidos- -El término genérico de "evidencia demostrativa" ha sido adoptado formalmente en la Regla 80 de Evidencia, 32 L.P.R.A. Ap. IV, al igual que en la jurisdicción federal y en la jurisprudencia. Pueblo v. Echevarría Rodríguez, 128 D.P.R. 299, (1991)

-La admisibilidad de evidencia demostrativa está sujeta a que el proponente, haciendo uso de cualquier evidencia admisible, demuestre con el grado de certeza requerido que la evidencia ofrecida es justamente lo que alega que es. Pueblo v. Echevarría Rodríguez, 128 D.P.R. 299, (1991)

-La autenticidad de la evidencia ofrecida no implica su admisibilidad, pues podría existir alguna regla de exclusión. Pueblo v. Echevarría Rodríguez, 128 D.P.R. 299, (1991)

-Admitida la evidencia demostrativa tras su autenticación mediante cadena de custodia, corresponde al Jurado sopesar el valor probatorio de la cadena de custodia presentada. La cuestión de si el proponente de la evidencia ha probado una adecuada cadena de custodia se dirige al peso, más que a la admisibilidad de la evidencia, y queda reservada para el Jurado. Pueblo v. Echevarría Rodríguez, 128 D.P.R. 299, (1991)

-La ausencia de etiquetas en un objeto que se presenta como evidencia demostrativa no impide su autenticación mediante otra forma como, por ejemplo, establecer una cadena de custodia. Pueblo v. Echevarría Rodríguez, 128 D.P.R. 299, (1991)

-Las fotografías constituyen el tipo de evidencia demostrativa que se utiliza con el propósito de ilustrar otra prueba. La Regla 80 de Evidencia, 32 L.P.R.A. Ap. IV, dispone que este tipo de evidencia será admisible siempre que la misma: (1) sea pertinente a tenor con la Regla 18 (32 L.P.R.A. Ap. IV); (2) sea previamente autenticada, y (3) no sea necesario excluirla por algunos de los factores de la Regla 19 (32 L.P.R.A. Ap. IV). Esto es, una vez superados los problemas de pertinencia y autenticación, el tribunal deberá sopesar el valor probatorio de la evidencia demostrativa vis-à-vis el perjuicio, la confusión o la desorientación que podría acarrear su admisión. Pueblo v. Echevarría Rodríguez, 128 D.P.R. 299, (1991)

-Criterios de Exclusión--Peligro de Causar Perjuicio Indebido... El mero hecho de que una fotografía pueda impresionar desfavorablemente al Jurado no justifica su exclusión; debe considerarse el propósito de la oferta de evidencia para así determinar si se persigue el fin de ilustrar o el de prejuiciar el ánimo del Jurado. Pueblo v. Echevarría Rodríguez, 128 D.P.R. 299, (1991)

-Si al ponderar el valor probatorio de las fotografías ofrecidas en evidencia y el efecto adverso que podría tener la admisión en el Jurado se determina que la evidencia tiene el propósito legítimo de ilustrar hechos esenciales sobre los cuales han declarado los testigos, demostrar lesiones sufridas o corroborar el testimonio de algún testigo, deberá admitirse la misma. Pueblo v. Echevarría Rodríguez, 128 D.P.R. 299, (1991)

-No abusa de su discreción el tribunal que admite unas fotografías relacionadas con los hallazgos de los forenses al practicar la autopsia del occiso si éstas son presentadas con el propósito de corroborar la versión de un testigo en oposición a la declaración de otro sobre la forma en que se le causó la muerte a la víctima y aclarar ciertas inconsistencias en las declaraciones de un patólogo forense sobre el objeto con que se le propinaron los punzonazos a la víctima. A pesar de la probabilidad de que las fotografías inflamen el ánimo del Jurado, la balanza se inclina hacia la admisibilidad en virtud del valor probatorio de la evidencia. Pueblo v. Echevarría Rodríguez, 128 D.P.R. 299, (1991)

Regla 1102. Inspecciones oculares (32 L.P.R.A. AP VI Regla 1102)

La inspección ocular es un medio de prueba que el Tribunal puede admitir cuando lo permita la ley o conforme a su poder inherente para recibir las pruebas y hacer justicia. En toda inspección ocular el Tribunal levantará un acta detallada del trámite y los hechos observados que formará parte de los autos con el valor probatorio que corresponda luego de presentada toda la prueba. El Tribunal puede denegar una inspección ocular a base de los factores señalados en la Regla 403.

(Febrero 9, 2009, 2009TSPR035, Regla 1102; Julio 30, 2009, Núm. 46, art. 1, efectiva el 1 de enero de 2010.)

Notas Importantes
Anotaciones Anteriores de la Regla 81.

-El conceder una inspección ocular del sitio de los hechos cae en el ámbito de la discreción. Ésta procede si se demuestra que habrá de auxiliar al Jurado o al juez a apreciar correctamente la prueba que se proponga desfilar o haya desfilado. Pueblo v. Torres García, 137 D.P.R. 56, (1994)

-La denegación de una inspección ocular no constituye un abuso de discreción cuando su valor probatorio nada añade al proceso y, en cambio, resulta en una dilación inconveniente e innecesaria. Pueblo v. Pagán Santiago, 130 D.P.R. 470, (1992)

CAPÍTULO XII. VIGENCIA Y DEROGACIÓN

Regla 1201. Vigencia (32 L.P.R.A. AP VI Regla 1201)

Estas Reglas comenzarán a regir el primero de enero de 2010. Las Reglas se aplicarán a todos los juicios, procedimientos o acciones iniciadas, en o después de esa fecha. A esos fines, se entenderá que un juicio comienza con la prestación de juramento del primer testigo o cuando se admite en evidencia el primer exhibit. Si se decreta un nuevo juicio y éste comienza, en o después de la vigencia de las Reglas, éstas se aplicarán en dicho juicio, sin importar cuándo comenzaron los procedimientos originales.

(Febrero 9, 2009, 2009TSPR035, Regla 1201; Julio 30, 2009, Núm. 46, art. 1, para establecer la fecha de vigencia y su aplicación, efectiva el 1 de enero de 2010.)

Regla 1202. Derogación y vigencia provisional (32 L.P.R.A. AP VI Regla 1202)

(A) Derogación

Quedan derogadas las Reglas de Evidencia de Puerto Rico en vigor desde el 1 de octubre de 1979 y el artículo 527 del Código de Enjuiciamiento Civil de 1933.

(B) Vigencia Provisional

Quedarán provisionalmente vigentes los siguientes artículos del Código de Enjuiciamiento Civil de 1933: 392, 394, 409, 421, 426, 429, 528, 529, 530 y 531, y los incisos (C) y (D) de la Regla 82 de Evidencia de 1979 hasta tanto sean modificados, derogados o reubicados por leyes especiales.

(Febrero 9, 2009, 2009TSPR035, Regla 1202; Julio 30, 2009, Núm. 46, art. 1, efectiva el 1 de enero de 2010.)

Notas importantes
Regla y Artículos que quedan vigente provisionalmente de las Reglas y Código anteriores:

A- Regla 82 de Evidencia, Incisos (C) y (D) de la Reglas de Evidencia del 1979, según enmendadas.

Regla 82. Experimentos y pruebas científicas.

(A) [Derogada]

(B) [Derogada]

(C) En cualquier acción en que la paternidad sea un hecho pertinente, el tribunal podrá a iniciativa propia, o deberá, a moción de parte oportunamente presentada, ordenar a la madre, hijo o hija y al presunto padre o alegado padre biológico a someterse a exámenes genéticos. En caso de que el presunto padre haya fallecido, podrán someterse a exámenes genéticos los padres, hijos, hermanos o nietos del presunto padre, siguiendo un orden de preferencia a tenor con el grado de consanguinidad del pariente con el presunto padre. Todos los gastos relacionados con la prueba solicitada serán sufragados por el peticionario en aquellos casos en que la misma produzca un resultado negativo. En el caso que el resultado del examen sea positivo, los gastos serán cubiertos por el peticionado. Si la parte obligada a pagar el costo de la prueba en beneficiaria de ayuda económica del Programa de Asistencia Pública del Departamento de la Familia bajo la categoría de Ayuda Temporal a Familias Necesitadas o del Programa de Ayuda a Familias Médico Indigentes (Medicaid), su costo será cargado a la parte del Fondo General del

Gobierno del Estado Libre Asociado de Puerto Rico asignada a la Administración para el Sustento de Menores del Departamento de la Familia.

Se presumirá controvertiblemente la paternidad en aquellos casos en que un padre putativo o sus padres, hijos, hermanos o nietos, se negaren a someterse al examen genético ordenado por el tribunal. Los exámenes deberán ser realizados por peritos debidamente calificados y nombrados por el tribunal. Antes de admitirse dichos exámenes en evidencia, el tribunal determinará y hará constar en los autos que los exámenes se han llevado a cabo siguiendo las más estrictas normas exigidas para esta clase de análisis.

(D) Si el tribunal determina que de los hallazgos y conclusiones de los peritos, según revelado por la evidencia basada en los exámenes, el alegado padre no es el padre del niño, el hecho de la paternidad se resolverá de acuerdo a las mismas. Si los peritos no se ponen de acuerdo en sus hallazgos y conclusiones, el hecho de la paternidad se resolverá de acuerdo a toda la evidencia presentada. Si los peritos concluyen que los exámenes de sangre demuestran la posibilidad de la paternidad del alegado padre, será discrecional del tribunal la admisión de esta evidencia, dependiendo de si el tipo de sangre es uno de los que ocurren con poca o mucha frecuencia.

(Reglas de Evidencia de 1979, Regla 82; Enmendada en 1988, Núm. 121; 1990, Núm. 10; 1991, Núm. 79; 2000, Núm. 147 enmienda el inciso C.)

Notas Importantes
Anotaciones Anteriores de la Regla 82.

-A la hora de decidir sobre la admisibilidad de prueba científica bajo los parámetros establecidos en la Regla 19, *supra*, el tribunal debe tomar en cuenta el **valor probatorio** de la prueba científica en controversia, para lo cual es necesario estimar su grado de certeza y confiabilidad, conforme a lo dispuesto en la Regla 82(B). Pueblo v. Montalvo Petrovich, 2009TSPR66, (2009); 175 D.P.R. 932, (2009)

-"… La Regla 82 de Evidencia, *supra*, los tribunales deben ordenar las pruebas de sangre cuando se impugne un reconocimiento voluntario por inexactitud y se solicite dicha orden. Atemperamos así nuestro derecho de filiación a los tiempos modernos. Cabe señalar que lo anterior no es óbice para que los tribunales puedan velar por el mejor interés de las partes, sobretodo de los menores, evitando la radicación de demandas frívolas que ocupan innecesariamente el tiempo y recurso de los tribunales; que conllevan gastos de parte de los demandados y que pueden causar un gran desasosiego e inestabilidad en nuestra sociedad, en específico, en nuestra niñez. Dentro de su discreción, el Tribunal deberá regular el uso de las pruebas, para evitar que sean utilizadas con la intención de causar daño a las partes o dilación en los procedimientos." Mayol v. Torres 2005TSPR045, (2005); 164 D.P.R. 517, (2005).

-Si bien la Regla 82(C) establece una presunción en contra del padre putativo que se niegue a someterse a los exámenes genéticos, por ser ésta controvertible, dicha presunción puede rebatirse mediante la presentación de prueba en contrario. Vincenti v. Saldaña Acha, 2002TSPR066, (2002); 157 D.P.R. 37, (2002).

-La admisión de pruebas científicas es materia de discreción judicial que se ejerce al amparo de los factores contenidos en la Regla 19 de Evidencia, 32 L.P.R.A. Ap. IV, a saber: el peligro de causar daño, la probabilidad de confusión, la desorientación del Jurado, la dilación de los procedimientos y la innecesaria presentación de prueba acumulativa. Pueblo v. Calderón Álvarez, 140 D.P.R. 627, (1996)

-La confiabilidad de una prueba científica realizada fuera del tribunal, sin embargo, no presenta un problema de admisibilidad, sino del valor probatorio de ésta. La confiabilidad de una prueba científica podrá establecerse mediante evidencia o tomando el tribunal conocimiento judicial. En el caso de autos, la confiabilidad quedó demostrada mediante el propio testimonio del técnico de la Autoridad y la presentación del resultado de las pruebas. "Los experimentos y pruebas científicas realizadas fuera del tribunal son los más comunes y se presentan en evidencia mediante el testimonio del perito que los realizó y sometiendo el resultado de las pruebas." Pueblo v. Calderón Álvarez, 140 D.P.R. 627, (1996)

-La Regla 82 de Evidencia, 32 L.P.R.A. Ap. IV, tiene el propósito de que sea mandatorio, para el tribunal, requerir a todas las partes en la controversia que se sometan a pruebas genéticas en casos de filiación a solicitud de una parte. Es política pública del Estado Libre Asociado de Puerto Rico lograr que la paternidad sea establecida en el mayor número posible de casos de menores que han nacido fuera del matrimonio. Esto es parte del alto interés público del cual están revestidos los casos de filiación. Rivera Pérez v. León, 138 D.P.R. 839, (1995)

-La expresión "hija o hijo" del inciso (C) de la Regla 82 de Evidencia, 32 L.P.R.A. Ap. IV, incluye a los hijos biológicos de un alegado padre fallecido. Rivera Pérez v. León, 138 D.P.R. 839, (1995)

-El por ciento de paternidad relativa que puede obtenerse con dichas pruebas científicas es un elemento evidenciario más que debe ser considerado por los tribunales junto con los demás elementos probatorios (testimonios de las partes, prueba documental, relaciones entre las partes, posibilidad de acceso carnal, parecidos físicos, etc.) para llegar a su propia conclusión en cuanto a si se ha establecido o no la paternidad del presunto padre. Claro está, siempre que se establezca que dichas pruebas fueron realizadas por peritos debidamente calificados siguiendo la más estrictas normas en la realización de este tipo de análisis y que se han observado las normas relativas a la cadena de evidencia en su presentación ante los tribunales. Pueblo v. Maisonave Rodríguez, 129 D.P.R. 049, (1991)

-Aun cuando tuvo contacto sexual con la esposa durante el periodo de concepción, pruebas científicas confiables lo excluyen como padre. Almodóvar v. Méndez Román, 125 D.P.R. 218, (1990)

-Es necesario que el proponente, en relación con la admisión en evidencia del resultado de una prueba científica, establezca que la sustancia contenida en la evidencia ocupada sea la misma que fue objeto de análisis; esto es, que dicha sustancia o contenido no fue cambiada, alterada ni contaminada antes de que fuera sometida al correspondiente análisis. Por ello se requiere que se presente prueba de la "adecuada custodia y cuidado" de la evidencia y su contenido desde su ocupación al momento de los hechos hasta que ese contenido es analizado en el laboratorio de la Policía. Pueblo v. Carrasquillo Morales, 123 D.P.R. 690, (1989)

-Para que un tribunal pueda llegar a la conclusión o "convicción moral en un ánimo no prevenido" de que el contenido de cierta evidencia no ha sido cambiado, alterado o contaminado, el Estado debe demostrar satisfactoriamente que el contenido de la evidencia fue objeto de una "adecuada custodia y cuidado" desde que la misma fuera ocupada el día de los hechos hasta el momento en que dicho contenido fue objeto de análisis. Pueblo v. Carrasquillo Morales, 123 D.P.R. 690, (1989)

Anotaciones Anteriores de la Regla 3.
-Medios de Prueba.

-La Regla 3 de Evidencia establece como medio de prueba tanto la evidencia documental como la testifical. Municipio de Ponce v. Autoridad de Carreteras, 2000TSPR194, (2000); 153 D.P.R. 1, (2000).

-De los tres (3) medios de prueba --testimonios de opinión, de reputación y de actos específicos-- se dice que el uso de actos específicos es el que potencialmente engendra mayores peligros en cuanto a perjuicios y confusión se refiere. Las Reglas de Evidencia limitan el uso de prueba de actos específicos a aquellos casos en que el carácter está en controversia, es un elemento esencial o es traído mediante el contrainterrogatorio de un testigo que declaró sobre la reputación u opinión del carácter del acusado o la víctima. Esta norma disminuye el riesgo de que el juzgador llegue a una conclusión impresionado por la conducta pasada del acusado o de la víctima, en vez de por lo sucedido el día de los hechos. <u>Pueblo v. Martínez Solís</u>, 128 D.P.R. 135, (1991)

-Tanto la "factura" como los libros de comercio son importantes medios de prueba de las obligaciones. <u>Hato Rey Stationery, Inc. v. E.L.A.</u>, 119 D.P.R. 129, (1987)

-En acciones de cobro de dinero, el demandante sólo tiene que probar que existe una deuda válida, que no se ha pagado, que él es el acreedor y los demandados sus deudores. El Derecho vigente no exige como elemento de una acción de cobro que el deudor tenga bienes para pagar la sentencia. <u>General Electric Credit & Leasing Corp. v. Concessionaires</u>, 118 D.P.R. 32, (1986)

-Meras alegaciones o teorías no constituyen prueba. <u>Asociación Auténtica Empl. Municipio de Bayamón</u>, 111 D.P.R. 527, (1981)

B. Artículos del Código de Enjuiciamiento Civil de 1933.

Véase Arts. 392, 394, 409, 421, 426, 429, 528, 529, 530 y 531 del Código de Enjuiciamiento Civil de 1993. (32 LPRA secs. 1673 a 2187)

LexJuris de Puerto Rico
Hecho en Puerto Rico
Enero 25, 2023

Made in the USA
Columbia, SC
16 July 2024

38490965R00093